会計・ファイナンスの基礎・基本

島本克彦・片上孝洋・粂井淳子
[著]
引地夏奈子・藤原大花

創 成 社

はしがき

　この書物は，これから会計・ファイナンスを学ぼうと考えている初学者を対象とした入門テキストです。会計・ファイナンスは難しい科目と思う人がいるかもしれません。しかし，将来ビジネスパーソンになろうと思っている人以外にも，これから起業しようと考えている人や家庭生活・地域の自治活動等を行おうとしている人には，基礎・基本的な会計・ファイナンス知識は必要です。経済社会の構成員として生きていくために，金銭の管理・運用等が行われない世界を想像して見てください。とりわけ会計に関するニュース等では，企業が倒産したとか，会社の金を持ち出したとか，ローンが払えなくなって自己破産手続きをしたとか，暗い記事ばかりが目につきます。だれも明日のことは予測できませんが，会計・ファイナンスの知識があれば，金銭や財産の現在の状況がわかるため，未然に防ぐことができたかもしれません。

　「人工知能（AI）の進展により，現在の会計の仕事はなくなるであろう」という予測（予測「2030年あなたの仕事がなくなる」週刊東洋経済（2013年3月2日，p.38））がなされることがあります。確かに将来，現在の事務的な会計の仕事はなくなるでしょう。しかし500年以上続いている会計の思考方法は，簡単にはなくならないでしょうし，経済生活を営む上で会計・ファイナンスを学ぶ価値ないし意味はあると思っています。

　会計知識は，営利企業だけでなく非営利企業や団体・家計等でも利用されます。本書では，応用面や学修時間を考慮して，営利企業に限定して述べています。今後の改訂にあたっては，順次各章において非営利分野との違い等についても追加していきたいと考えています。

　本書では，自学自習用として，また講義のテキストとして利用されることを念頭に，章ごとに到達目標・キーワード・章末問題を提示しています。章ごとの問題を解くことによって理解を深めるようにしてください。進んだ学びをしたい人は，章末の推薦図書を利用してください。なお，会計規則等は，2022年3月現在で記述しています。変更があれば，下記アドレスにおいて明記し，本文も適宜修正したものを提示します。なお，本テキストを利用される教員におかれましては，連絡いただければ章末問題の解答や補充問題等を追加したアドレスとパスワードを採用時に送付させていただきます。

　https://www.books-sosei.com/downloads/

目　次

序　章

会計の本質・役割・計算基礎

　会計とは何かについて，その定義と分類を明らかにします。企業会計を説明するにあたって，その区分と株式会社の有限責任について説明します。会計の出発点として計算の基礎・基本について説明します。

到達目標

①会計の定義と分類について説明することができる。

②株式会社の有限責任について説明することができる。

③会計計算の基礎・基本について説明することができる。

キーワード：企業会計，有限責任，財務会計，管理会計，仕入原価，
　　　　　　単利法，複利法，複利終価係数，現在価値割引係数

Ⅰ 会計とは

　みなさん，会計と聞いて何が浮かんでくるでしょうか。単に計算とか算数を浮かべる人もいるでしょう。あるいは，売買等の取引のような経済事象を記録することだと思う人もいるでしょう。いや記録だけでなく記録したものを誰かに報告することまで含むと解する人もいるでしょう。

　会計とは何なのでしょうか。語源的には，「会」はあわせる，集めるのことで，「計」は数えることを意味します。金銭や物品の出し入れを計（はか）ること，つまり管理することをいいます。管制上，「会計」という言葉が出てくるのは，1968年金穀出納（きんこくすいとう：金銀と穀物を出し入れすること）をつかさどる金穀出納所のなかに会計事務課が設置されたのが最初です。しかし，近世・幕末・明治中期までは勘定（かんじょう）といっていました。これから学ぶ会計の定義として，いろいろ述べられています。本書で会計とは，「情報を提供された者が適切な判断と意思決定ができるように，経済主体の経済活動を記録・測定して伝達する手続（飯野利夫（1996）『財務会計論〔三訂版〕同文館，1-3頁』）」と定義を示しておきます。

　ここでの経済主体の経済活動には，営利を目的とするものとしないものに分けられます。前者の営利活動を行う経済単位は，企業と呼ばれています。その企業の経済活動を対象とするものは，**企業会計**とよばれています。後者の営利を目的としない会計は，非営利会計とよばれています。非営利会計には，家計のほか，国または地方自治体等の行政機関による会計（公会計とか官庁会計とよばれています），宗教法人，NPO法人，学校法人，社会福祉法人等に分類されています。この会計は，財産管理，主に予算を含めた資金の収入・支出を記録・測定し伝達（報告）する点に特徴がありましたが，昨今は，後の章で説明する企業会計の記録・測定手法が導入されるようになっています。本教科書では企業会計を中心に，各章の項目について説明していきます。なお，企業会計や非営利会計をミクロ会計とよび，国民経済全体についての会計はマクロ会計として分類されます。また環境会計

図表 0 － 1　会計の分類

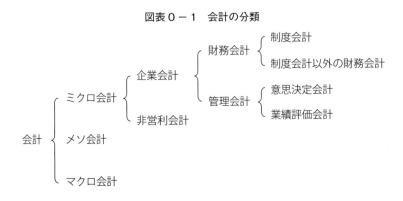

においてミクロとマクロの中間にある特定の地域や産業（たとえば水とか森林）を会計単位とするメソ会計として分類されています。

Ⅱ　企業会計

企業とは，どのような経済主体のことをいうのでしょうか。法律的には継続的・組織的に事業活動を行う経済主体ですが，非営利も含まれる用語です。通常企業とよぶと営利企業のことをいいます。営利企業は，通常**株式会社**の形態をとっています。高等学校等で習ったかもしれませんが，株式会社の説明を簡単にしておきましょう。「社員の地位が株式と称する細分化された割合的単位の形をとり，その社員が会社に対して各人のもつ株式の引受価額を限度とする有限の出資義務を負うだけで，会社債権者に対して何ら責任を負わない会社（高橋和之他（2016）『法律学小辞典第5版』有斐閣，p.137.)」と定義されています。

ここで，**社員**とは，会社の従業員（会社法上は使用人と呼んでいます）のことではなく出資者のことです。割合的単位とは，Aさんが10株，Bさんが300株分のお金を出して（出資して）X社の社員（株主）になったとすると，それぞれの持株（もちかぶ）数に応じて「社員の地位」を取得することです。いいかえますと，出資額に応じて「社員の地位」を取得する，つまり実質的所有者となることです。もっと具体的に言いますと株を買うということは会社の社員になることで，株を売るということは会社の社員をやめることです。引受価額とは今のところ購入価額と思ってください。「有限の出資義務を負うだけ」とは，例えば，出資者（株主）Aが株式会社Xに100万円出資（株式を購入）していた場合，株式会社Xが500万円の借金の返済が出来なくて倒産したとしても，出資者Aは出資額100万円だけ責任を取るだけで，残りの400万円については，責任を負わないということを「**有限責任**」といいます。残りの400万円については，他の株主や貸主が責任を取ります。なお，正確には「間接有限責任」とも説明されます。「間接」というのは，株式会社が損をすることによって出資者が損をする（自分は請求訴訟などの当事者にならない）というしくみのことを意味しています。また，社員の地位の譲渡，言い換えますと株式の譲渡は原則自由です。しかし，株主は，会社から退社（脱退）して出資額の払い戻しを受けることはできません。その場合，他の株主に株式を譲渡することによって出資額の回収を図ることになります。なお，社員（株主）は，会社がもうかっていれば持株数に応じて通常配当金を受け取ります（図表0-2参照）。参考のために，他の会社形態と比較したものが図表0-3です。

Ⅲ　企業会計の区分

企業会計は，誰に対しての報告かによって，つまり企業内部に対する報告と企業外部に対する報告とに分けて説明されます。詳しくは第2章で説明されますが，ここで簡単

図表 0－2　株式会社の株主

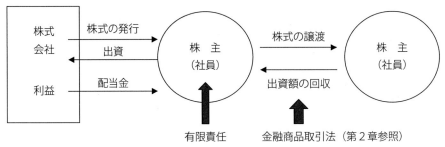

出所；筆者作成

図表 0－3　株式会社と持分会社

	株式会社	持分会社		
		合同会社	合資会社	合名会社
構成員の責任	有限責任	有限責任	有限責任 無限責任	無限責任
原則として，社員の地位の譲渡	譲渡の自由は可能	他の社員の同意が必要		

出所；筆者作成

に説明しておきましょう。企業外部の利害関係者への報告を目的とした**財務会計**（外部報告会計ともいわれます）と企業内部の経営者ないし管理者に提供することを目的とする**管理会計**（内部報告会計ともいわれます）に分かれます。前者は，法律（会社法や金融商品取引法）の規制に準拠して行われる制度会計と，法規制はないが作成されるものとに分かれます。法規制はないけれども，環境会計ガイドライン等により，自社の環境保全に関する方針や目標，環境負荷（ふか）の低減に向けた取り組みなどをまとめた「環境報告書」「CSR 報告書（Corporate Social Responsibility Report）」「持続可能性報告書」などが多くの大企業で作成・公表されています。（なお，企業ではありませんが，「環境情報の提供の促進等による特定事業者等の環境に配慮した事業活動の促進に関する法律（環境配慮促進法）（2005 年 4 月 1 日から施行）」が制定され，独立行政法人等（特定事業者）に環境報告書の作成・公表を義務づけています。）

　後者は，通常前者と異なり，法的な拘束力はありませんが，企業の内部活動を評価・統制するために必要な会計です。そして，予算と実績の比較等によって，生産・販売活動等の業績を評価・統制する業績管理会計と企業の投資案件に対する経営者への意思決定資料を提供することを主な目的とする意思決定会計とに分けられます。

Ⅳ 会計計算の基礎・基本

　会計の具体的な内容に入る前に，ビジネス計算について説明しておきましょう。昔は商業数学と呼んでいた領域です。またこの分野については，小学校の算数では最近あまり学

習していない領域の一つです。応用数学とも呼ばれ，ビジネス活動にとって重要です。以下では，簿記や会計等の学習に必要な基礎・基本的な部分に限定して述べます。

（1）電卓のキーの使い方

　電卓は持っているが，その使い方がわからない人が多いように思います。電卓のキーは，電卓のメーカーによって異なります。カシオ製とシャープ製の使用方法については下記のサイトを参考にしてください。なお，両メーカー以外の電卓を持っている人は，メーカーの説明書やホームページを見てキーの使用方法を学んでください。

　　　　CASHIO　かんたんカシオ電卓入門ガイド
　　　　　　（https://web.casio.jp/dentaku/sp/nyumon_guide/detail.html）
　　　　SHARP　電卓きーの使い方
　　　　　　（https://jp.sharp/support/e_calc/info_key.html）

　電卓検定の複合問題計算の例題を用いて，使用方法を学んでいきましょう。
　複合問題計算では，端数処理が問題になります。整数未満の端数が出たときは切り捨てて行う決まりがあります。ただし，端数処理は1題の解答について行うのではなく，1計算ごと（加減乗除が行われる計算を1つとして数えて）に行います。たとえば，「（A ＋ B）×（C ＋ D）」という複合計算問題であれば，（A ＋ B）が「1計算」という単位になります。つまり，（A ＋ B）という1計算ごとに，端数処理を行っていくことになります。複合計算問題の端数処理は，整数未満を「切り捨て」で行う決まりです。複合計算問題での電卓の初期設定は，小数点セレクターを「0」にすることで，整数未満を自動で切り捨てることができます。ラウンドセレクターは下記のようにメーカーによって操作が異なります。

　　　カシオ製　　　　ラウンドセレクター　→ CUT　　　　小数点セレクター → 0
　　　シャープ製　　　ラウンドセレクター　→ ↓　　　　　小数点セレクター → 0

　設例0－1　次の2問を電卓を用いて計算して下さい。
　　　　①　19,554,696 ÷ 6,804 ＋ 5,130 × 4,073 ＝
　　　　②　（8,333,459 ＋ 783,541）×（80,528 － 632）＝

《解　答》

解答①	解答②
19,554,696 ÷ 6,804　　（＝） M ＋ 5,130 × 4,073　　（＝） M ＋ MR（または MRC）　20,897,364（解答）	(8,333,459 ＋ 783,541) ＝ M ＋ (80,528 － 632) ＝ × MR（または MRC）＝ 728,411,832,000（解答）
操作説明─M記号に慣れてください。シャープ製は，MR は RM になります。 （＝）は操作しなくてもできます。	

（2）売買計算

　売買計算について，基礎から説明しましょう。売買に関する計算では，売価は，通常，仕入原価に一定の割合の利益を加算して決定します。**割合**は，百分率（パーセント）と歩合（割・分・厘）などであらわされます。なお，割合の計算において，百分率と歩合は，小数に直して計算すると便利です。百分率・歩合・小数および分数の関係は，図表０－４のとおりです。

図表０－４　百分率・歩合・小数および分数の関係

百分率	歩　合	小　数	分　数
10%	1 割	0.1	1／10
1%	1 分（ぶ）	0.01	1／100
0.1%	1 厘（りん）	0.001	1／1,000
0.01%	1 毛（もう）	0.0001	1／10,000

　次に原価，売価，定価の関係について説明しましょう。商品を仕入れるには，通常仕入運賃・荷役料・保管料・保険料等の仕入諸掛りがかかります。そのため，**仕入原価**は，仕入代価にその諸掛りを加算して計算します。次に，売価と定価との関係が重要です。商品は，通常仕入原価（仕入諸掛り込み原価）に，一定の見込みの利益率（値入率）を掛けて計算した見込み利益額を加算して販売価格を決定します。これを定価といいます。しかし，実際の販売にあたって，値引きなど代金の減額をすることもありますので，定価のまま販売されるとは限りません。そこで，これらの関係を式で示すと，次のようになります。なお，定価から売価を求めるときに，2割引きのことを8掛（かけ）（定価× 0.8）ということもあります。

　　定価＝仕入原価（仕入諸掛り込み原価）＋見込み利益額
　　　　＝仕入原価（仕入諸掛り込み原価）×（1 ＋見込み利益率）
　　売価＝定価－値引額＝定価×（1 －値引率）

設例 0 − 2　1kg ￥500 の商品を 10 箱（1 箱 30kg）仕入れ，仕入運賃として￥5,000 を支払いました。仕入原価はいくらになりますか。

《解　答》

￥500/kg × 30kg × 10 ＝ ￥150,000　　　￥150,000 ＋ ￥5,000 ＝ ￥155,000

設例 0 − 3　仕入原価￥100,000 の商品に 2 割の利益を見込んで値札（定価）をつけましたが，売れないので，値札の 9 掛で販売しました。売価はいくらですか。

《解　答》

￥100,000 ×（1 ＋ 0.2）× 0.9 ＝ ￥108,000

（3）金融に関する計算

　金融に関する計算の基礎から説明しましょう。まず期間の計算からはじめます。1 期間（日数）の計算は，利息や割引料などの金銭貸借計算の基礎となります。期間の始まる日を初日，期間の終わる日を期日または満期日といいます。期間を日数で数えるには，**片落とし**，**両端入れ**，両端落としの 3 つがあります。実際に日数計算を行う場合には，通常片落としで計算し，両端入れのときは，片落としの日数に 1 日加えて計算します。両端落としのときは，片落とし日数から 1 日引いて計算します（図表 0 − 5 参照）。

図表 0 − 5　片落とし，両端入れ，両端落とし

片落とし （かたおとし）	初日か期日のどちらかを日数の計算に入れない方法です。初日を計算に入れない場合を初日落としといい，期日を計算に入れない場合を期日落としまたは末日落としといいます。
両端入れ（りょうは （または たん）いれ）	初日も期日も日数の計算に入れる方法です。ふつう，貸付金利息や手形割引料などの計算に用いられています。
両端落とし	初日も期日も日数の計算に入れない方法ですが，実務上ほとんど用いられていません。

出所；筆者作成

　次に利息の計算について説明しましょう。まず，利息計算に関する基本的な用語について整理すると次のようになります（図表 0 − 6 参照）。

　利息の計算方法には，**単利法**と**複利法**があります。単利法は，貸借の最初の貸借金額についてのみの利息を全期間を通じて計算する方法です。単利法で利息・元利合計を求めるには，次の式（基本公式）によって計算します。なお，計算にあたっては，利率が年利率で表示されている場合に，期間が月数で示されているときは，期間を月数／ 12 として，期間が

図表0－6　利息計算に関する基本的な用語と利率の種類

利息計算に関する基本的な用語		利率の種類
元　　　金……貸借の金額をいいます。		年利率……元金に対する1か年の利息の割合をいいます。年利率（年利，年）3％，年3分と表現します。
利　　　率……元金に対する利息の割合をいいます。		月利率……元金に対する1か月の利息の割合をいいます。月利率（月利，月）1.2％，月1分2厘と表現します。
期　　　間……貸借の期間をいいます。		（注）約定利率と法定利率　約定利率とは，貸借当事者間の契約によって任意に定める利率のことをいいます。一般に利率といえば，この利率のことを指します。法定利率とは，貸借当事者間で利率を定めなかった場合に適用される利率で，次のように定められています。かつては，民事貸借の場合は年5％（民法第404条），商事貸借の場合は年6％（商法第514条）と決められていましたが，民法改正（令和2年4月1日施行）により年3％（3年ごとに見直し）に変更になりました。それに伴い，商事貸借の規定は削除されました。なお，金銭貸借上の利息の最高限度は利息制限法によって，次のように限度が定められています。 ①元金が￥100,000未満の場合は年20％ ②元金が￥100,000以上￥1,000,000未満の場合は年18％ ③元金が￥1,000,000以上の場合は年15％
利　　　息……元金の使用に対する報酬として，借主が貸主に支払う金銭をいいます。		
元利合計……元金と利息の合計金額をいいます。		

出所；筆者作成

日数で示されているときは，期間を日数／365として計算します。また，利率が月利率で表示されている場合に，期間が日数で示されているときは，期間を日数／30として計算します。

　　単利法による利息・元利合計の計算式

　　　　利　　　息＝元金×利率×期間

　　　　元利合計＝元金＋利息

　　　　　　　　　＝元金×（1＋利率×期間）

設例0－4　元金￥700,000を，年利率1.25％で，2月20日に借り入れ，5月15日に返済することにしました。期日に利息をいくら支払えばよいでしょうか。（片落とし，円未満4捨5入，1年は365日とします）

《解　答》

　2月20日から5月15日　8＋31＋30＋15＝84日

　￥700,000×0.0125×84日／365日＝￥2,013.6986→円未満四捨五入　￥2,014

　　複利による利息の計算は，単利法で計算した一定期末の元利合計を，次期の元金として計算します。そしてその元金を，単利法で計算し，その期末の元利合計を求めます。さら

にその元利合計を元金として，各期末の元利合計を同じように計算していく方法です。なお，複利によって計算された元利合計を複利終価，利息を複利利息といいます。たとえば，¥10,000 を，年利率 10%，1 年 1 期の複利で，3 年間利殖したときの元利合計を求めると，次のようになります。

> 1 年後の元利合計……¥10,000 ×（1 ＋ 0.1）＝¥11,000
> 2 年後の元利合計……¥11,000 ×（1 ＋ 0.1）＝¥12,100
> 3 年後の元利合計……¥12,100 ×（1 ＋ 0.1）＝¥13,310

この計算を一つの式にまとめると，次のようになります。

> ¥10,000 ×（1 ＋ 0.1）×（1 ＋ 0.1）×（1 ＋ 0.1）＝¥10,000 ×（1 ＋ 0.1）^{3} ＝¥13,310

複利終価の計算における（1 ＋利率）^{期数} の値を**複利終価係数**といい，いろいろな場合の利率と期数について計算した値を表にしたものを**複利終価係数表**といいます。なお，複利終価係数がない場合電卓を使用して計算できます。

> シャープ製　1.1 ⊠ 10,000 ⊟ ⊟ ⊟ （¥13,310）
> カシオ製　　1.1 ⊠ ⊠ 10,000 ⊟ ⊟ ⊟ （¥13,310）

設例 0 － 5　¥500,000 を，年利率 3%，1 年 1 期の複利で，10 年間貸し付けると，複利終価と複利利息はいくらになるでしょうか。

《解　答》
複利終価係数（3%，10 期）…… 1.344
複利終価……¥500,000 × 1.344 ＝¥672,000
複利利息……¥672,000 －¥500,000 ＝¥172,000
または，
¥500,000 ×（1.344 － 1）＝¥172,000

単利法と複利法の違いについては，いま年利率 5%として，元金¥1 に対する元利合計を単利法による場合と複利法による場合で比較すると図表 0 － 7 のようになります。単利法による利息計算は，期間に関係なく常に元金が一定しているのに対して，複利法による利息計算は，一定期間ごとに利息を計算し，これを元金に繰り入れる（加算する）ので，元金が順次増えてゆきます。

図表０－７　単利法と複利法の違い（元金￥1 に対する元利合計）

期数		1	2	3	4	5	10	15	20
元利合計	単利法	1.05	1.10	1.15	1.20	1.25	1.50	1.75	2.00
	複利法	1.05000	1.10250	1.15763	1.21551	1.27628	1.62889	2.07893	2.65330

　次に**現在価値**（複利現価）について説明しましょう。一定の期日に受け払いをする金額を，期日前に受け払いするとき，その現価を複利法で求める方法を現在価値割引（複利割引）といい，その現価を現在価値（複利現価）といいます。現在価値は，期日受払高を元利合計とみなすと，その元金に相当しますので，複利終価を求める式から，次のように求められます。

　　　現在価値（複利現価）＝期日受払高×１／（１＋利率）^{期数}

　$\boxed{１／（１＋利率）^{期数}}$ の値を**現在価値割引係数**（または複利現価係数）といいます。いろいろな場合について利率と期数の計算した値を表にまとめたものを**現在価値割引係数表**（複利現価表）といいます。なお，期間に一期未満の端数が含まれているときに，現在価値を求める場合，端数期間については，ふつう，単利法によって計算します。複利終価と現在価値（複利現価）を図示すると次のようになります。

図表０－８

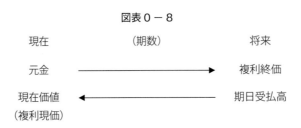

設例０－６　10年後に支払うべき債務￥100,000 を，年利率 3％，1 年 1 期の複利で割り引いて，いま支払うとすれば支払額はいくらになるでしょうか。

《解　答》
　　現在価値割引係数（3％，10 期）……0.744
　　　￥100,000 × 0.744 ＝ ￥74,400

設例0－7　2年6か月後に支払う約束の¥500,000の債務を，年利率2％，半年1期の複利で割り引いて，いま支払うとすれば支払額はいくらか。

《解　答》

半年1期ですので，利率は1％，期数は5期となる。

現在価値割引係数（1％，5期）……0.951

¥500,000 × 0.951 = ¥475,500

章末問題

1．会計の分類について述べなさい。

2．株式会社の有限責任について説明しなさい。

3．ある商品に原価の30％増しの定価をつけましたが，定価の20％引きで販売したので¥50,000の利益を得ました。この商品の原価はいくらであったでしょうか。

4．¥800,000を，年利率3％，半年1期の複利で，5年6か月間借りると，複利終価はいくらになるでしょうか。

5．7年後に返済する約束の¥1,000,000の債務を，年利率4％，半年1期の複利で割り引いて，いま返済するとすれば支払額はいくになるでしょうか。

第 1 章

複式簿記

簿記の意味，歴史，種類，基礎用語について説明します。それらを踏まえて，複式簿記の目的，基本ルール（2つの公式），仕訳と転記，試算表について説明します。なお，貸借対照表や，損益計算書の内容や見方については，次章以降で説明します。

到達目標

①簿記の基本用語について説明することができる。

②複式簿記の基本ルール（2つの公式）について説明することができる。

③仕訳と転記，試算表について説明することができる。

キーワード：売掛金，買掛金，資産，負債，純資産（資本），収益，費用，借方，貸方，仕訳，転記

Ⅰ 簿記の意義・歴史

　まず，簿記とは何かについて説明しておきましょう。簡単には帳簿記入の略語として説明されます。もう少し詳しく説明しますと，**簿記**は，企業が営む経済活動を，貨幣額で認識・測定し，帳簿に記録し，その結果を定期的に整理して，**財務諸表**とよばれる報告書を作成するための技術です。あるいは「簿記とは，企業会計を前提とすれば，企業が営む調達・製造・販売・財務といったさまざまな経済活動を計数的に記録・計算・整理するための手段を意味する（中野常男（1998）『複式簿記会計原理　第2版』中央経済社，p.3）として説明されています。最近の定義では，財務諸表の作成までを通常含めています。しかし，簿記の定義を覚える必要はありません。今のところ「一定のルールにもとづいて記録し計算し表にまとめること」ぐらいに思っていてください。

　簿記の内容を説明する前に，少し歴史の話をしておきましょう。現在世界中の国や企業等が用いている複式簿記（後に説明します）は，13世紀初頭から14世紀末までの間に，イタリアで，商業と銀行業の簿記実務の中から生成・発展し，15世紀にその体系的組織が確立されました。世界最初に簿記の本を書いた僧侶で数学者であった**ルカ・パチョーリ**（図表1-1）です。みなさんが知っているレオナル・ド・ダヴィンチはその学生の一人でした。

図表1-1　ルカ・パチョーリ（Luca Pacioli 1445-1517）と『算術，幾何，比及び比例総覧』
　　　　（Summa de Arithmetica Geometria Proportioni et Proportionalita.）（初版1494年）
　　　　第1部第9編論説「計算記録詳論」

出所；ルカ・パチョーリの肖像画（1495年）Jacopo de' Barbari画，カポディモンテ美術館蔵
　　　ルカ・パチョーリ『スムマ』（https://libguides.lib.keio.ac.jp/mit_annual_exhibition/24）

　西洋式簿記は，上に述べたように現在より500年以上前に行われていましたが，日本には，明治に入ってからです。江戸時代は鎖国していましたので，江戸幕府はオランダ人から西洋式の簿記について少しは聞いていたようですが，江戸の商人は，各商店独自の簿記（大福帳簿記といいます）を用いていました。しかし明治になり，西洋に追いつくために，ま

図表 1 － 2　福澤諭吉（1835-1901）と「帳合之法」
「帳合之法」は慶應義塾出版局より，初編：明治 6 年（1873）6 月，二編：明治 7
年（1874）6 月に出版。H. B. Bryant, H. D. Stratton, S. S. Packard, Bryant and
Stratton's common school book-keeping ,1861 の翻訳

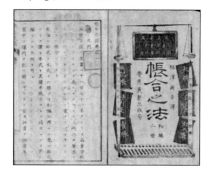

出所；文久 2 年（1862 年）撮影，東京大学史料編纂所蔵，福澤諭吉訳『帳合之法 4 巻』
https://libguides.lib.keio.ac.jp/mit_annual_exhibition/24

図表 1 － 3　Alexander Allan Shand（1844 ～ 1930）と「銀行簿記精法」
スコットランド人で，Chartered Mercantile Bank of India, London & China の一員と
して慶応 2 年（1866）に来日。1872 年（明治 5）わが国は銀行制度創建のために彼
を招聘，7 月 8 日紙幣寮に雇い入れ，10 月 1 日大蔵太輔井上馨と雇入条約書（名義は，
紙幣寮附属書記官，期間 3 年）を交わす。

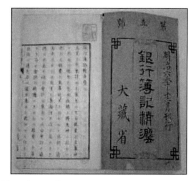

出所；アレキサンダー・アラン・シャンドと『銀行簿記精法』（啊爾嗹遅暹度 述；海老原済，梅浦精一 訳；
芳川顕正 督纂）https://www.lib.hit-u.ac.jp/images/2020/01/kikaku2003_pamphlet.pdf

たお金を管理する（銀行を設立する）ために，明治政府は，簿記の普及を進めました。明
治時代，日本の簿記に非常に貢献した人は，**福澤諭吉**と Alexander Allan Shand です。学
制公布後，小学校高学年で簿記を教えてもよいとして，教科書も作成しました。しかし教
える小学校の先生が簿記を知らなかったので，一部の小学校を除いて，簿記の授業は明治
中期ごろまでは行われなかったようです。しかし，明治後期になり，小学校の先生を養成
する師範学校で簿記を教えるようになってから，簿記を行う小学校がでてきたようです。
ただ，簿記は，明治から大正期に商業学校で教えていた以外に，非常に多くの私立の簿記
学校で教えられていました。実務ではまだあまり普及していませんでしたが，将来何か
の役に立つという思いで，当時は男性も女性も多くの簿記学校で，そろばん，つけペン，
インク，簿記棒（定規のことで当時は円形棒でした）を用いて習っていました。簿記棒では，

図表 1 − 4 簿記棒

出所：複式簿記がやってきた https://www.lib.hit-.jp/images/2020/01/kikaku2003_pamphlet.pdf

どうやって線を引いていたかわかりますか？ 想像してください（図表 1 − 4)。実務では簿記机も使用されていました。まだまだ続きますがこのぐらいで歴史の話は終わりにします。

Ⅱ 簿記の種類

単に簿記として述べてきましたが，簿記には，経済事象（取引）の一面だけを記帳する単式簿記と二面を記帳する複式簿記に区分されます。ここで，二面とは，どんなことをいうのでしょうか。例えば A さんが友人から現金 3 万円を借りたとしましょう。A さんは，手元に 3 万円という現金を所有しますが，3 万円を返済する義務も生じます。この現金と返済義務という両面を記帳するのが複式簿記です。どちらか一面だけを記帳するのが単式簿記です。なお，簿記の使用する業種によって，商業簿記，工業簿記，官庁簿記（国・自治体簿記)，農業簿記，林業簿記，水産業簿記，非営利簿記等に区分されて説明されることもあります。本章では，商事会社の簿記，即ち商業簿記の複式簿記について説明していきます。

Ⅲ 商品販売業を営む企業の経済活動

商品販売業を営む企業の経済活動には大きく分けて資金活動，購買活動・販売活動，管理活動に分けることができます。

資金活動とは，どこから資金を調達して，いいかえると銀行等の債権者から借りて資金を調達するのか，株式を発行して出資者である株主から資金を調達するのかという調達活動とこれらの資金を運用する活動（売るための商品を購入したり，事務用のパソコンを購入したりするなどの活動や余裕資金を定期預金にしたり，他社の株式を購入したりする活動）のことをいいます。

購買活動・販売活動は，商品を購入し，それに利益を加算して販売する活動のことです。購買活動・販売活動には，現金にて購入・販売する以外に掛けにて購入・販売することがしばしば行われています。掛けでの購入は，代金を後日，支払う約束で仕入れることで掛

仕入といいます。そして後日に代金を支払う義務のことを簿記では，**買掛金**といいます。掛けで買ったときのお金ではなく債務（買掛債務）のことを意味しますので注意してください。反対に掛けでの販売は，代金を後日受け取る約束で販売することで，掛売上といいます。その代金を受け取る権利のことを簿記では，**売掛金**といいます。掛けで売ったときのお金ではなく債権（売掛債権）のことを意味しますので注意してください。

　管理活動は，購買活動や販売活動などを円滑に進めるために行われる活動，例えば人事・広告・給料や利益などの計算事務の活動のことをいいます。

Ⅳ　簿記の目的

　簿記には，企業の経済活動を後に説明する簿記特有の用語（次節で説明する資産・負債・資本（純資産）・収益・費用）に分類し，その増減を一定のルールに基づいて日付順・科目別に整理して記録する目的と（記録目的といいます），その結果を**貸借対照表・損益計算書**という財務諸表を作成することによって純損益（純利益または純損失）を算出する目的（損益計算目的といいます）があります。

図表1－5　簿記の一巡の流れ

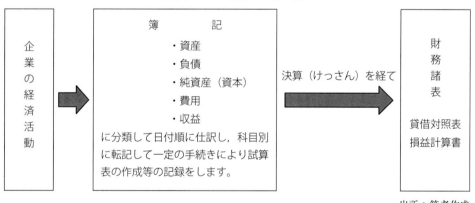

出所；筆者作成

Ⅴ　簿記の基本ルール（2つの公式）

　簿記は，**資産・負債・純資産（資本）・収益・費用**の用語を用いて，資本等式と損益等式という二つの計算式から出発します。

　純資産（資本）等式は下記の式からはじめます。

　　資産－負債＝純資産

　資産とは，現金や将来受け取る権利のことです。具体的には，現金，普通預金，売掛金，貸付金（かしつけきん），商品，土地，建物，備品，車両運搬具等があります。負債とは，将来支払う義務のことです。具体的には買掛金，借入金（かりいれきん）があります。純資産は，資産から負債を差し引いたものです。**資本金**は出資者（株式会社では株主といいます）が出資した金額のことで，元手（もとで）ともいいます。**繰越利益剰余金**（くりこしりえきじょうよきん）は，資本の増加したものを意味し，当年度（当期ともいいます）のもうけ（純利益）と前年度（前期）までのもうけ（純利益）を示します。

　純資産（資本）等式を移項して，下記の等式を導きます。それを表にしたものを貸借対照表と呼びます。このためこの等式のことを貸借対照表等式と呼んでいます。貸借対照表（Balance Sheet）は一定時点（図表1－6では×年5月31日）の財政状態を表します。

　　　　　資産＝負債＋純資産（資本）・・・貸借対照表等式

　この株式会社大阪商事の×年5月31日現在の貸借対照表は，買掛金38千円と借入金15千円という負債と資本金55千円と繰越利益剰余金30千円という純資産（資本）から資金を調達して，現金41千円・売掛金40千円・商品32千円・備品25千円という資産を所有している状態を示した表と思ってください。この貸借対照表において，資本金55千円のことを**期首純資産**，それに繰越利益剰余金30千円を加算した85千円を**期末純資産**とよびます。なお，利益を計算するひと区切りのことを営業年度（事業年度）と呼んでいます。そのはじめを期首（きしゅ），終わりを期末（きまつ）と呼んでいます。期首純資産とそれに本年度（当期）に稼いだ利益を加算した（損失の場合は減算）ものが期末純資産になります。なお，慣習的に資産を左側，負債・純資産を右側に書きます。ここで，左側・右側といいましたが，簿記では，左側のことを**借方**（かりかた），右側のことを**貸方**（かしかた）といいますので，覚えておきましょう。

図表1－6　貸借対照表

貸借対照表

株式会社大阪商事		×年5月31日		（単位千円）
資　産	金　額	負債・純資産	金　額
現　　金	41	買　掛　金	38
売　掛　金	40	借　入　金	15
商　　品	32	資　本　金	55
備　　品	25	繰越利益剰余金	30
	138		138

締切線（しめきり）とよびます

合計線とよびます

　次に2つ目の式として下記損益等式があります（マイナスの場合は（当期）純損失になります）。

収益－費用＝（当期）純利益

　ここで，収益とはもうけのことをいいますが，簿記的には，純資産の増加した原因のことを意味します。具体的には，売上，受取手数料，受取利息，受取地代などがあります。費用はもうけるために消費・使用したものをいいます。簿記的には，純資産の減少した原因のことを意味します。具体的には，給料，広告宣伝費（広告料），支払手数料，（支払）保険料，支払利息，支払地代，水道光熱費，通信費，旅費交通費，雑費などがあります。70円で買った商品を100円で売った場合，100円を収益，70円を費用といい，30円のことを利益と呼び，商品の場合は，具体的に商品売上益（商品売買益・売上総利益）といいます。

　損益等式を移項して下記損益計算書等式を導きます。それを表にしたものを損益計算書と呼びます。損益計算書（Profit and Loss Statement）は，一定期間（図表1－7では×年5月1日から×年5月31日まで）の経営（営業）成績を表します。

費用＋（当期）純利益＝収益 ・・・損益計算書等式

　収益として，商品売買益58千円，受取手数料20千円があり，合計78千円です。この収益を上げるために費やしたのは，給料18千円，広告料12千円，雑費3千円，支払利息15千円であり，費用合計48千円です。この収益から費用を差し引いた金額が当期純利益30千円を表しています。

　図表1－7の損益計算書では，収益と書いていますが，その発生した種類によって，売上高，営業外収益，特別利益に分類されます（付録参照）。次に費用はその発生した種類によって，売上原価，販売費及び一般管理費，営業外費用，特別損失に分類されます。また

図表1－7　損益計算書

損益計算書

株式会社大阪商事　　×年5月1日から×年5月31日まで　　　　（単位千円）

費　　　用	金　　額	収　　　益	金　　額
給　　　　　料	18	商 品 売 買 益	58
広　　告　　料	12	受 取 手 数 料	20
雑　　　　　費	3		
支　払　利　息	15		
当 期 純 利 益	30		
	78		78

三角線（または斜線）といいます

利益も，段階別に売上総利益，営業利益，経常利益，税引前当期純利益，そののち税金を差し引いて最後の行に当期純利益を書きます（付録参照）。

　次に貸借対照表と損益計算書の関係については，利益の計算方法として，**財産法**と**損益法**として説明されることがあります。前者は，当期純利益を，期首と期末の純資産の差額として計算する方法のことをいいます。後者は上に述べました損益計算書等式と同じで，収益から費用を差し引いて当期純利益を計算する方法のことをいいます。

財産法

| 期末純資産（資本） | － | 期首純資産（資本） | ＝ | 当期純利益 |

$\overset{\text{マイナス}}{(\triangle \text{当期純損失})}$

| 期末資産－期末負債 | | 期首資産－期首負債 |

損益法

| 収益－費用＝当期純利益 | $\overset{\text{マイナス}}{(\triangle \text{当期純損失})}$ |

　このことを絶えず水を出し入れしている水槽の図を用いてイメージ的に説明しましょう。一定期間における水の量が増えた時の測り方には２種類あります。増えた時の水の量は純利益（図表１－８参照）を意味します。一定期間後の水の量（期末純資産）から最初の水の量（期首の純資産）の差で計算する方法（**財産法**といいます）と水の入る量から出る量を差し引いて測る方法（**損益法**といいます）です。なお，減った時の水の量は純損失（△）を意味します。また流入・流出以外の別の追加の流入や流出はないと仮定しています。

図表１－８　貸借対照表と損益計算書の関係

貸借対照表
財産法
期首純資産（資本）
期末純資産（資本）
収益
当期（本年度）の純利益を示します
費用 → 損益法
損益計算書

出所；筆者作成

> ## コラム COLUMN　貸借対照表（Balance Sheet）・損益計算書（Profit and Loss Statement）「表」か「書」？
>
> 　表でも書でも同じです。商法が公布されるまでは，損益計算表という名称も使用されていましたが，公布後は，次第に法律の用語にしたがって述べられるようになりました。参考のために下記に商法の条文を掲げておきます。
>
> ・1890（明治23）年商法（旧商法）第32条「各商人ハ開業ノ時及ヒ爾後毎年初ノ三ヶ月内ニ又合資曾社及ヒ株式曾杜ハ開業ノ時及ヒ毎事業年度ノ終ニ於テ動産不動産ノ總目録及ヒ貸方借方ノ封照表ヲ作リ特ニ設ケタル帳簿ニ記入シテ署名スル責アリ」
>
> ・1899（明治32）年商法（新商法）第190条「取締役ハ定時總会ノ曾日ヨリ一週間前ニ左ノ書類ヲ監査役ニ提出スルコトヲ要ス 一 財産目録 二 貸借封照表 三 事業報告書 四 損益計算書 五 準備金及ヒ利益ノ配當ニ關スル議案」

Ⅵ 簿記の手続き（仕訳と転記）

　では簿記の手続きについて説明します。まず最初に取引（経済事象ともいいます）が簿記上の取引かどうかを判断し，**簿記上の取引**であれば，仕訳をし，転記という作業をします。そして転記が正しいか否かを確かめるために試算表という表を作成します。

　まず簿記上の取引の意味を理解しましょう。図表1－9を見てください。商品の仕入れや販売については，日常の取引と同じですが，違うところは現金の紛失・盗難や火災・地震による損害も簿記では取引と呼び，記録する点に注意してください。資産・負債・純資産・費用・収益が増加したり，減少した場合に簿記では取引と呼んでいます。しかし，それらが増減しない契約を結ぶという場合は，見解が分かれていますが，簿記上の取引と呼ばない書物が多いとだけ述べておきましょう。

図表1－9

	経済活動	日常の取引	簿記上の取引
1	商品の仕入れ・販売	○	○
2	現金の紛失・盗難・火災や地震による損害	×	○
3	土地や建物の賃貸借契約の締結	○	×（＊）

＊近年，簿記上の取引概念を拡張しようとする議論があります。

出所；筆者作成

　次に簿記特有の**勘定**・**勘定科目**・**勘定口座**の用語の意味について説明しておきましょう。簿記における記録・計算単位のことを勘定と呼んでいます。それを具体的に現金勘定とか売掛金勘定といって表現しています。そしてそれらの増加・減少を示す場所のことを

図表 1 － 10

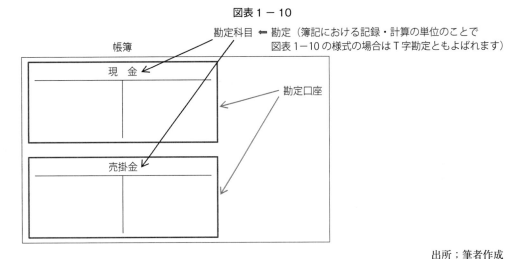

勘定科目 ⬅ 勘定（簿記における記録・計算の単位のことで図表 1－10 の様式の場合は T 字勘定ともよばれます）

帳簿

現　金

勘定口座

売掛金

出所：筆者作成

勘定口座と呼んで区別して説明します。

　次に複式簿記の勘定記録のルールについて述べます。資産の増加は左側（簿記では借方といいます。以下同じ）に，資産の減少は右側（簿記では貸方といいます。以下同じ）に，負債の増加は右側に，負債の減少は左側に，純資産の増加は右側に，純資産の減少は左側に，費用の発生（増加）は左側に，費用の消滅（減少）は右側に，収益の発生（増加）は右側に，収益の消滅（減少）は左側に記入します。なぜそのように記入するのかという理由はありません。昔の西洋の商人の慣習だと理解してください。

図表 1 － 11　　複式簿記の勘定記録のルール

資　産		負　債		純資産（資本）	
増加	減少	減少	**増加**	減少	**増加**

収　益		費　用	
消滅（減少）	**発生**（増加）	**発生**（増加）	消滅（減少）

　この勘定記録のルールを用いて，簿記上の取引を要素に置き換え，二面から分析して，記録します。このことを仕訳といいます。

【借方要素】	【貸方要素】
資産の増加	**資産の減少**
負債の減少	**負債の増加**
資本の減少	**資本の増加**
（**収益の消滅**（減少））	**収益の発生**（増加）
費用の発生（増加）	（**費用の消滅**（減少））

　手書き簿記を前提に，具体的に説明してみましょう（単位：円）。

5月1日　大阪商事株式会社は，4,000の株式を発行して当座預金に預け入れ，会社を開業しました。

　　2日　銀行から1,000を借り入れ，当座預金に預け入れました。

　　2日　商品2,000と備品1,000を当座預金で購入しました。

　　10日　家賃300を当座預金で支払いました。

　　12日　2日に購入した商品すべてを3,000で現金で販売しました。

　　13日　商品1,000を当座預金で購入しました。

　　20日　水道光熱費100を現金で支払いました。

　　25日　給料500を現金で支払いました。

図表1－12

	取引要素の分析	仕　訳
1日	当座預金（資産）4,000の増加・資本金（純資産）4,000の増加	（借方）当 座 預 金 4,000　（貸方）資 本 金 4,000
2日	当座預金（資産）1,000の増加・借入金（負債）1,000の増加	（借方）当 座 預 金 1,000　（貸方）借 入 金 1,000
2日	商品（資産）2,000・備品（資産）1,000の増加・当座預金（資産）3,000の減少	（借方）商　　　品 2,000　（貸方）当 座 預 金 3,000 　　　　備　　　品 1,000
10日	支払家賃（費用）300の発生（増加）・当座預金（資産）300の減少	（借方）支 払 家 賃 300　（貸方）当 座 預 金 300
12日	現金（資産）3,000の増加・商品（資産）2,000の減少と商品売上益（収益）1,000の発生（増加）	（借方）現　　　金 3,000　（貸方）商　　　品 2,000 　　　　　　　　　　　　　　　　商品売上益 1,000
13日	商品（資産）1,000の増加・当座預金（資産）1,000の減少	（借方）商　　　品 1,000　（貸方）当 座 預 金 1,000
20日	水道光熱費（費用）100の発生（増加）・現金（資産）100の減少	（借方）水 道 光 熱 費 100　（貸方）現　　　金 100
25日	給料（費用）500の発生（増加）・現金（資産）500の減少	（借方）給　　　料 500　（貸方）現　　　金 500

　各日の取引について，簿記の要素（資産・負債・純資産・費用・収益）を見出し，借方要素と貸方要素に分解します。そして，資産・負債・純資産・費用・収益という総称的な用語ではわかりにくいので，具体的な勘定科目を用いて，借方要素と貸方要素を（借方）勘定科目・金額（貸方）勘定科目・金額として記録します。このことを簿記では，**仕訳**（しわけ）と呼んでいます。なお，一つの取引を2つの面（要素）に分けて記録しますので，当然のことですが，借方金額の合計と貸方金額の合計は一致します。このことを簿記では貸借平均の原理といいます（通常貸借平均とよび貸借一致とは言いませんが，意味は一致と同じです）。

　しかし日付順に仕訳として記録しただけでは，各勘定科目の残高を調べるのに時間がかかり不便ですので，**転記**（てんき）という作業が行われます。転記は，仕訳の借方（貸方）の勘定科

目を，その勘定口座の借方（貸方）に日付・相手科目(あいて)・金額の順に記入することです。日付順に仕訳していたものを勘定科目別に集計することです。なお，相手科目が２つ以上あるときは諸口(しょくち)とします。

　転記が終われば，その転記結果が正しいか否かをチェックするために**試算表**を作成します。試算表の種類には，形式により①合計試算表，②残高試算表，③合計残高試算表，また時期により平時試算表（日計表—毎日作成するもので，営業日報を兼ねる場合もあります。主として残高試算表が使われています。週計表—毎週作成します。月計表—毎月作成します）があります。なお，例えば，借方・貸方ともに同額の転記もれがあった場合や借方・貸方ともに，同額の二重転記があった場合において，試算表を作成すると，その貸借合計額は一致します。しかし実際の取引合計とは異なりますので，試算表の作成には限界を生じることがあります。

　試算表を作成した後は，実際高との比較や時間の経過による配分等の決算という作業を行い，純利益あるいは純損失を貸借対照表と損益計算書により表示します（図表1－14・15では日付，図表1－15では会社名を省略しています）。詳しくは簿記の教科書等で学習してください。

図表1－13

相手科目といいます（以下同じです）。

	現	金			
12 諸 口	3,000	20 水道光熱費	100		
		25 給 料	500		

	当 座 預 金		
1 資 本 金	4,000	2 諸 口	3,000
2 借 入 金	1,000	10 支払家賃	300
		13 商 品	1,000

商	品		
2 当座預金	2,000	12 現 金	2,000
13 当座預金	1,000		

備	品	
2 当座預金	1,000	

借 入 金		
	2 当座預金	1,000

資 本 金		
	1 当座預金	4,000

商品売上益		
	12 現 金	1,000

繰越利益剰余金

給	料	
25 現 金	500	

水道光熱費	
20 現 金	100

支 払 家 賃	
10 当座預金	300

図表 1 − 14

合計残高試算表

（単位：円）

残　高	合　計	勘定科目	合　計	残　高
2,400	3,000	現　　　　　金	600	
700	5,000	当　座　預　金	4,300	
1,000	3,000	商　　　　　品	2,000	
1,000	1,000	備　　　　　品		
		借　　入　　金	1,000	1,000
		資　　本　　金	4,000	4,000
		繰越利益剰余金	0	
		商　品　売　上　益	1,000	1,000
100	100	水　道　光　熱　費		
300	300	支　払　家　賃		
500	500	給　　　　　料		
6,000	12,900		12,900	6,000

図表 1 − 15

残高試算表

（単位：円）

	勘定科目	
2,400	現　　　　　金	
700	当　座　預　金	
1,000	商　　　　　品	
1,000	備　　　　　品	
	借　　入　　金	1,000
	資　　本　　金	4,000
	繰越利益剰余金	0
	商　品　売　上　益	1,000
300	支　払　家　賃	
100	水　道　光　熱　費	
500	給　　　　　料	
6,000		6,000

貸借対照表

（単位：円）

資　産	金　額	負債・純資産	金　額
現　　　　　金	2,400	借　　入　　金	1,000
当　座　預　金	700	資　　本　　金	4,000
商　　　　　品	1,000	繰越利益剰余金	100
備　　　　　品	1,000		
	5,100		5,100

損益計算書

（単位：円）

費　用	金　額	収　益	金　額
水　道　光　熱　費	100	商　品　売　上　益	1,000
給　　　　　料	500		
支　払　家　賃	300		
当　期　純　利　益	100		
	1,000		1,000

📖 **推薦図書**

・渡部裕亘，片山覚，北村敬子（2022）『検定簿記講義』中央経済社。
・福浦幾巳，成宮哲也，島本克彦，平川茂（2022）『［改訂版］プロジェクト学習によるプライマリー簿記』創成社。

章末問題

1．簿記の目的について述べなさい。

2．次の表のアからシまでの欄に入る金額を計算し，解答欄に記入しなさい。ただし，純損益欄において純損失のときは，マイナス（△）を金額のはじめにつけること（単位：円）。

	期　首	期　末			収益総額	費用総額	純損益
		資産	負債	資本			
A	200,000	750,000	450,000	ア	800,000	イ	ウ
B	450,000	980,000	エ	オ	780,000	650,000	カ
C	キ	820,000	ク	400,000	ケ	500,000	50,000
D	580,000	コ	300,000	サ	シ	735,000	△ 35,000

第2章

財務会計

　財務会計とは何かについて，その機能を明らかにします。現行の企業会計制度を形成している金融商品取引法，法人税法，会社法の内容とその作成書類について説明します。これらの3つの法律において具体的な定めのないものについては，一般に公正妥当な会計基準によりますが，その基準を定める「企業会計審議会」と「企業会計基準委員会」についても説明します。なお，企業会計の重要な用語である売上原価と減価償却について簡単に説明しています。

到達目標

①財務会計の機能について説明することができる。
②日本における企業会計制度について説明することができる。
③企業会計の重要な用語である売上原価と減価償却について説明することができる。

キーワード：利害関係者，利害調整機能，情報提供機能，金融商品取引法，法人税法，会社法，有価証券報告書，企業会計原則，企業会計基準，売上原価，減価償却

Ⅰ 財務会計の機能

　財務会計とは，複式簿記の技術を用いて，企業の資産・負債（二つ合わせて財産とも呼びます）・資本および損益（利益または損失）を正確に測定することによって，企業の財政状態および経営成績を明らかにし，それを企業の外部の**利害関係者**（ステークホルダー，stakeholder）に報告する会計のことをいいます。

　財務会計には，**利害調整機能**と**情報提供機能**の2つの重要な機能があります。情報機能面でいえば前者は事後情報であり，後者は事前情報といえます。

　まず**利害調整機能**とは，どんな機能のことを言うのでしょうか。会計（accounting）という言葉は，説明する（account for）から来ているとしばしば説明されます。つまり，資金の運用・管理を委託された者（受託者）は，委託者にその顛末（てんまつ）を説明する義務が生じます。受託者は，財務諸表を開示（報告）することにより，その義務を果たすことになり，受託の説明責任が解除されます。このような説明責任のことを**アカウンタビリティ**（accountability）と呼んでいます。企業を取り巻く集団には，債権者，株主，取引先，証券アナリスト，国・地方公共団体，従業員・労働組合等が考えられます。これらの集団は，総称して利害関係者として説明され，企業の経営活動により，直接的・間接的に利益あるいは損失を受けています。それら集団の利害を簡単に要約したものが図表2－1です。

図表2－1　財務会計の利害関係者

利害関係者	利害の内容
債権者	企業に資金を貸し付けたが，その利息を受け取り，期日に元金の返済を受け取れるか
株主	配当がなされるか，株式を買うべきか，保有している株式を保有し続けるべきか，売却すべきか
取引先	商品・製品を納入すべきか，掛販売が良いかどうか
証券アナリスト	企業の収益性，安全性，成長性はどうか
国・地方公共団体	企業に行政サービスを提供しているが，徴収している税金の額が適正か
従業員・労働組合	企業に労働サービスを提供して給料を受け取っているがその額でよいかどうか

出所；筆者作成

　しかし，この機能でいう調整とはどのようなことをいうのでしょうか。例えば株主と債権者の関係について述べてみましょう。株主はできる限り多くの配当を望みます。もし多額の配当がなされた場合には，多額の会社財産の流出の危険が生じるため，債権者にとって，債権回収が行われにくくなる恐れが生じます。いいかえますと債務返済のための原資が減ることになるからです。その場合，配当による会社財産の流出の根拠を示すことによって，つまり適正な財務諸表を作成し，利益の計算方法を明示することによって債権者と

株主に納得させることをいいます。

　次に**情報提供機能**とは，どんな機能のことを言うのでしょうか。情報提供の利用者には，さまざまな者が考えられますが，ここでは，投資者について説明します。投資者には，株式や社債に，これから投資しようとする者と今現在投資しているが，そのまま投資を続けるか，売却するか，追加投資する者に分類されます。どちらの投資者にとってもその判断材料として有用な情報提供をすることが財務会計の機能の一つといえます。いいかえますと投資者の意思決定を支援する機能といってもよいでしょう。この有用な情報提供機能がなされることにより，企業の円滑な資金調達を可能にさせ，ひいては，健全な経済社会が構築されることになるからです。

Ⅱ　企業会計制度

　制度会計（企業会計制度）は，財務諸表を作成し公表する法律により，①**会社法**に基づく会計，②**金融商品取引法・財務諸表等規則**（正式には「財務諸表等の用語，様式及び作成方法に関する規則」といいます）**・連結財務諸表規則**（正式には「連結財務諸表の用語，様式及び作成方法に関する規則」といいます）に基づく会計，③**法人税法**に基づく会計に分けられます。2006年の会社法制定までは，商法を頂点に，その特別法として証券取引法（現在は「金融商品取引法」に移行しています）が制定され，また**確定決算主義**（第12章参照）に基づき納税申告書が作成される3つの制度（トライアングル体制とよばれています）のもとで会計制度は構築されていました。しかし，その会社法成立以後は，株式会社の機関（株主総会，取締役会，監査役会等）をとおして企業を統治する法制度としての役割を果たすようになりました。一方，金融商品取引法は，金融商品市場における有価証券の発行や流通の円滑化を図るために企業金融の法制度としての役割が明確になりました。それゆえ，会社法にお

図表2-2　金融商品取引法・法人税法・会社法

金融商品取引法	法人税法	会社法
財務諸表等規則 連結財務諸表規則	法人税法施行令 法人税法施行規則等	会社法に関する法務省令 （会社法施行規則，会社計算規則，電子公告規則）
目的—投資者保護	目的—課税所得および課税額の計算	目的—債権者・株主の保護

企業会計原則・企業会計基準
企業が会計処理を行う場合に守らなければならない基準（法律ではない）

出所：筆者作成

ける具体的な会計規定は，「金融商品取引法」に移され，さらにその具体的な基準設定は，後に述べる企業会計基準委員会に移されるようになりました。日本の企業会計は，金融商品取引法，法人税法，会社法という3つの法律の下で会計実務が行われていますが，これらの3つの法律において具体的な定めのないものについては，一般に公正妥当な会計基準によることとするという規定が設けられています。

（1）金融商品取引法（通常「金商法」と略してよばれています）

　金融商品取引法は，国民経済の健全な発展および投資者の保護に資することを目的として証券取引所（法律上「金融商品取引所」と規定されています）に上場（特定の株式・債券を金融商品取引所にて，売買取引の対象とすること）されている株式会社や有価証券報告書の提出が義務づけられている非上場会社に適用されます。会社法が適用される会社と比べて，会社の規模が大きく，多くの取引先等を有しその社会に及ぼす影響などを考慮して，厳格な規定が設けられています。

　投資者から資金を調達するための**発行市場**では，新たに有価証券を発行するので買いませんかと募集したり，すでに発行された有価証券の持ち主が一斉大量に手持ちの有価証券を売却したり（売出しといいます）する発行会社に対し，株式や社債の発行価格や数量などの有価証券に関する情報と企業内容に関する情報の**開示**（ディスクロージャーといいます）を義務づけています。発行にあたって必要な書類には，投資者に直接交付される**目論見書**と，投資者に一定の場所で公衆縦覧される**有価証券届出書**があります。

　また，**流通市場**における有価証券取引についても投資者が自己の責任において合理的な投資意思決定を行うことができるように，有価証券の発行者に財務内容や企業の内容などを定期的・継続的に開示することを義務づけています。発行にあたって必要な書類には，一定の場所で公衆縦覧される事業年度ごとの**有価証券報告書**，事業年度を3か月ごとに区分した**四半期報告書**，投資判断に重要な影響を及ぼす一定の事実が発生した場合に，その内容と記載した臨時報告書があります。なお，有価証券報告書提出会社のうち**四半期報告書**を提出していない会社は半期報告書によって公衆縦覧されます。

　有価証券届出書や**有価証券報告書**に含まれる財務諸表（なお上述の会社法では計算書類と呼びます）については，主に財務諸表等規則などによって作成しなければなりません。後に述べる会社法では要求されていませんが，キャッシュ・フロー計算書や四半期報告書も義務づけられています。

　なお，有価証券報告書などは，金融庁が運営する電子開示システム **EDINET**（Electronic Disclosure for Investor's Network）に提出して開示することになっています。EDINET を活用することによって入手した財務諸表は 2008 年 3 月より XBRL（拡張可能な事業報告言語：Extensible Business Reporting Language；https://www.xbrl.or.jp/）とよばれるコンピュータ言語が導入され，財務諸表の作成・検証・分析等ができるようになっています。

図表2－3　有価証券の発行市場と流通市場

分類	内容	主な開示書類
発行市場	有価証券が発行されて投資者に取得されるまでの過程を表す市場のことです。 有価証券の発行者とその第一次取得者との売買が行われる市場で，その取引は主に当事者間の相対取引で行われ，常設の取引所などは持たない市場のことです。	有価証券届出書には，募集または売出しに関する情報と，発行会社に関する情報が記載されています。発行者が作成し，内閣総理大臣（実際には財務局）に提出します。提出5年間発行者の本店，証券取引所などで公衆に縦覧されます（間接開示といいます）。 目論見書は，有価証券の募集または売出しのためにその相手方に提供する文書で，当該有価証券の発行者の事業その他の事項に関する説明を記載したものです。発行者が作成し，投資者に交付します（直接開示といいます）。
流通市場	有価証券の第一次取得者以降の取得者間（投資者同士の間）で有価証券が流通（売買）する過程を表す市場のことです。その取引は主に証券取引所など常設の取引所によって行われる市場のことです。	有価証券報告書―企業の概況，事業の状況，設備の状況，提出会社の状況，経理の状況などが記載しています。 四半期報告書 有価証券報告書の提出義務がある上場会社等は，3か月ごとに，経理の状況などの重要事項を記載されています。 半期報告書 四半期報告書を提出しなければならない会社以外の会社は，6か月間の重要な事業内容を記載した半期報告書を3か月以内に内閣総理大臣に提出しなければなりません。 臨時報告書 有価証券報告書の提出を義務づけられている会社に，投資判断に重要な影響を及ぼす一定の事実が発生した場合には，その内容を記載した臨時報告書を遅滞なく，内閣総理大臣に提出しなければなりません。

出所：筆者作成

図表2－4　EDINETの概要

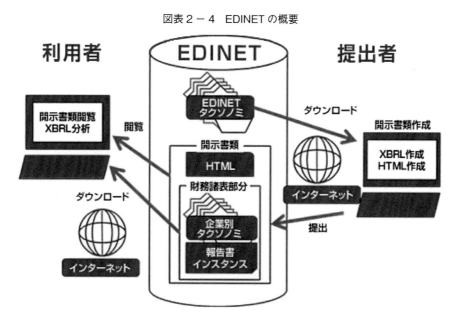

出所：EDINET の概要（https://www.xbrl.or.jp/modules/pico5/index.php?content_id=6）
　　　EDINET タクソノミの概要説明は，https://www.fsa.go.jp/search/20130821/1b_1.pdf を参照。

（2）法人税法

法人税法は，法人の各事業年度の**所得**の金額を**課税標準**（課税の対象となるものにつき税金を計算する基礎となる金額）として法人に課税するための法律です。法人とは，自然人（個人）ではなく，法律上の権利・義務の主体とされているものをいいます。法人には，株式会社や医療法人などの普通法人だけでなく，農業協同組合，消費生活協同組合，信用金庫等の協同組合も含まれます。この法律の技術的・専門的・手続的な内容については，法人税施行令，法人税施行規則が定められています。また法律の解釈などについては法令解釈通達等があります。法人税法では，株式会社において，課税所得を計算する場合，取締役が計算書類を株主総会に提出し，そこで承認された損益計算書の当期純利益（ただし税法では当期利益とよんでいます）に基づいて行われます。このことは**確定決算主義**とよばれています（詳細は 12 章を参照）。

（3）会社法

会社法は，すべての会社（**株式会社・合名会社・合資会社・合同会社**）を規制しています。会社債権者や株主の保護および債権者と株主との利害調整を目的としています。とりわけ株式会社においては，適時に，**正確な会計帳簿**を作成しなければなりません。この会計帳簿の閲覧等は，会社荒し（少数の株式を所有して，株主総会において会社の不正等を追及し，会社側より金品等を受け取る者）の道具とされないように一定の要件を満たす株主のみにしかできません。会社法の細則を定める法務省令には，**会社法施行規則**，**会社計算規則**，**電子公告規則**があります。

また，株式会社の会計は，「一般に**公正妥当**(こうせい だ とう)**と認められる企業会計の慣行**」に従うものとされています。この公正妥当と認められる企業会計の慣行には，企業会計原則，後述します企業会計基準委員会が公表する会計基準，適用指針，実務対応報告，および日本公認会計士協会が公表する委員会報告，実務指針，中小企業の会計のための中小会計指針と中小会計要領などが含まれます。中小会計指針は，日本公認会計士協会と日本税理士連合会，日本商工会議所および企業会計基準委員会の 4 団体によって発表された「中小企業の会計に関する指針」のことをいいます。中小会計指針よりもさらに簡易的な会計基準として「中小企業の会計に関する基本要領」があります。

法務省令（計算規則）で定めるところによって，各事業年度に関わる計算書類として，貸借対照表，損益計算書，株主資本等変動計算書，個別注記表および事業報告ならびにこれらの附属明細書を作成しなければなりません。なお，これらの計算書類および事業報告ならびにこれらの附属明細書は，電磁的記録（人の知覚では認識できない，電子式や磁気式などの方式で記録され，コンピューターで処理される記録のこと）で作成することができます。会社法に基づく計算書類については，定款で定めることによってホームページに決算公告を開示する制度（電子公告制度）が導入されています。なお，計算関係の書類にかかる事

項は，1円単位，千円単位または百万円単位で表示されます。各法律に基づく作成書類については，下記図表2-5のとおりです。

図表2-5　会社法・金融商品取引法・法人税法に基づく作成書類

	会社法	金融商品取引法	法人税法
法規の目的	株主・債権者の保護	投資者の保護	課税の公平
会計法規	会社法 会社法に関する法務省令 （会社法施行規則，会社計算規則，電子公告規則）	金融商品取引法 財務諸表等規則	法人税法 法人税法施行令 法人税法施行規則 法人税基本通達等
財務諸表	①貸借対照表 ②損益計算書 ③株主資本等変動計算書　｝計算書類と呼称 ④個別注記表 ⑤事業報告 ⑥附属明細書	個別財務諸表（個別の企業ごとに作成される決算書，単体とも呼称される） ①貸借対照表 ②損益計算書 ③株主資本等変動計算書 ④キャッシュ・フロー計算書　｝財務諸表と呼称 ⑤附属明細表	確定申告書（法人税申告書）の添付書類 ①貸借対照表 ②損益計算書 ③株主資本等変動計算書
	会計監査人設置会社（会社法第444条，会計第61条） ①連結貸借対照表 ②連結損益計算書 ③連結株主資本等変動計算書　｝連結計算書類と呼称 ④連結注記表	連結財務諸表（支配従属関係にある2以上の会社（会社に準ずる被支配事業体を含む）からなる企業集団を単一の組織体とみなして，親会社が作成する決算書，単に連結とも呼称される） ①連結貸借対照表 ②連結損益計算書 ③連結包括利益計算書 ④連結株主資本等変動計算書 ⑤連結キャッシュ・フロー計算書 ⑥連結附属明細表 ②および③に代えて「連結損益及び包括利益計算書」を作成することもできる （注）指定国際会計基準（国際会計基準（国際的に共通した企業会計の基準として使用されることを目的とした企業会計の基準についての調査研究および作成を業として行う団体であって金融庁長官が定めるものをいう）により作成する場合 ①財政状態計算書 ②包括利益計算書 ③持分変動計算書 ④キャッシュ・フロー計算書	

出所；島本克彦（2022）「第8章　制度会計」（上野清貴編（2022）『スタートアップ会計学　第3版』同文舘出版，p.122）より一部修正して引用。なお本文中の説明も一部引用しています。

　図表2−5について，簡単に説明しておきます。**会社法**では開示する書類を**計算書類**というのに対し，**金融商品取引法**では**財務諸表**と言います。会社法では①から④の計算書類と⑤の事業報告とともに株主総会への提出が義務づけられています。③の株主資本等変動計算書は，貸借対照表の純資産の部に記載される資本金や資本剰余金・利益剰余金を構成する各項目の期中の変動額や変動事由などを示す書類です。ここで資本剰余金とは，株主から払い込まれた資金のうち，資本金としなかったものをいいます。利益剰余金とは会社が当期ないし前期以前に稼いだものをいいます。④の個別注記表は，重要な会計方針（会計方針とは，財務諸表を作成するにあたって採用した会計処理の原則及び手続のことをいいます），貸借対照表・損益計算書・株主資本等変動計算書で示される株式会社の財政状態や経営成績を判断するために必要な注記などを1つの表にまとめたものです。⑤の事業報告は，会社の主要な事業内容，主要な営業所，工場ならびに使用人の状況，主要な借入先，借入額等に関する情報だけでなく，役員の氏名，地位および担当，報酬に関する情報，保有株式数上位10名の株主に関する情報も記載されています。計算書類が「貸借対照表，損益計算書等の他株式会社の財産及び損益の状況を示すために必要かつ適当なもの」として財務情報を取扱うのに対し，事業報告は，会社の事業の状況（非財務情報）を取扱うものです。事業報告は計算書類の範囲には含まれませんので，事業報告およびその附属明細書は会計監査の対象とはなりません。⑥の附属明細書は，有形固定資産および無形固定資産の明細・販売費及び一般管理費の明細等のほか，①〜④の内容を補足する重要な事項を記載します。

　金融商品取引法に基づく財務諸表は，会社法に基づく計算書類と異なります。キャッシュ・フロー計算書・附属明細表を含みますが，個別注記表は含まれません。③の連結包括利益計算書は，第4章を参照してください。包括利益は，第1章で学んだ純利益にまだ確定していないいわゆる含み損益を加算したものをいいます。⑤の連結キャッシュ・フロー計算書は，キャッシュ（現金および要求払預金（当座預金，普通預金，通知預金））と容易に換金可能であり，かつ，価値の変動について僅少なリスクしか負わない短期投資（満期日または償還日までの期間が3か月以内の短期投資である定期預金など）の期中の増加と減少の状況を示す書類です。日常語のキャッシュより少し広い意味ですので注意してください。なお，投資者に対して有用な情報を提供しますので，金融商品取引法では作成が義務づけられています。⑥の連結附属明細表は，貸借対照表と損益計算書について明細を示す書類です。金融商品取引法は，会社法と異なり，投資者保護が目的です。そのため，販売費及び一般管理費の明細は含まれていませんが，有利子負債（利息を付けて返さないといけない負債のこと）の明細や有価証券の明細などの記載が含まれています。

（4）「企業会計審議会」と「企業会計基準委員会」

　戦後混乱期の1949年，経済安定本部・企業会計制度対策調査会（現在の企業会計審議会の前身）は，アメリカのSHM会計原則（Sanders, T. H., H. R. Hatfield and U. Moore（1938）

A Statement of Accounting Principles, American Institute of Accountants) 等を参考にし，それに日本の実情を加味して作成した「企業会計原則」を公表しました。なぜ「企業会計原則」が作成されたのでしょうか。前文においてその理由を次のように述べています。

　　「我が国の企業会計制度は，欧米のそれに比較して改善の余地が多く，かつ，甚だしく不統一であるため，企業の財政状態並びに経営成績を正確に把握することが困難な実情にある。わが国企業の健全な進歩発展のためにも，社会全体の利益のためにも，その弊害は速やかに改められなければならない。又，我が国経済再建上当面の課題である外資の導入，企業の合理化，課税の公正化，証券投資の民主化，産業金融の適正化等の合理的な解決のためにも，企業会計制度の改善統一は緊急を要する問題である。仍つて，企業会計の基準を確立し，維持するため，先ず企業会計原則を設定して，我が国国民経済の民主的で健全な発達のため科学的基礎を与えようとするものである。」

次にその性格について次のように説明しています。

　　「企業会計原則は，企業会計の実務の中に慣習として発達したもののなかから，一般に公正妥当と認められたところを要約したものであつて，必ずしも法令によつて強制されないでも，すべての企業がその会計を処理するに当たつて従わなければならない基準である。」

　この企業会計原則は，その後，数次の修正がなされましたが，今日の日本の会計基準の制定に対して非常に重要な影響を及ぼしてきました。しかし，1996 年の**金融ビッグバン**（1996 年から 2001 年にかけて行われた金融制度改革のことで，自由，公正，国際化の 3 つの恩恵をもたらしました）といわれる大規模な金融制度改革が行われました。その一環として，それまで金融庁長官の諮問機関である企業会計審議会による官主導で会計基準が作成されていたのに代えて，常設で行政の意向が強く反映されない民主導の会計基準が叫ばれるようになりました。すでに米国や英国は，常勤の専門家によって構成された独立性の高い民間組織が透明性の高いプロセスに基づいて高品質な会計基準を作成していたからです。そこで 2001 年 7 月に経団連，日本公認会計士協会，全国証券取引所協議会等の団体が，「一般に公正妥当と認められる企業会計の基準の調査研究及び開発等」を目的とする財団法人財務会計基準機構を設立し，常設の委員会として「**企業会計基準委員会**（Accounting Standards Board of Japan；ASBJ と称されます）」を設けました。現在，この委員会が日本の会計基準設定の主体となっています。

Ⅲ 貸借対照表・損益計算書・キャッシュ・フロー計算書

　貸借対照表，損益計算書（下記例では，具体的な項目を省略しています），**キャッシュ・フロー計算書**（下記例では，具体的な項目を省略しています）の具体例を下記に示しておきます。キャッシュ・フロー計算書については第5章を参照してください。貸借対照表や損益計算書の様式には，借方と貸方を左右に並べて表示する勘定式（下記貸借対照表）と上から資産の部，負債の部，純資産の部の順に表示する報告式（下記損益計算書）の2つの種類があります。本章では，日常なじみの少ない**売上原価**と**減価償却費**について説明しておきます。

　売上原価とは，会計を学んで最初に出てくる専門用語の一つです。売上高に対応する仕入原価のことをいいます。売上総利益（粗利益とも言います）計算するために，つまり，主な営業活動（商品売買）において，どれだけ儲けたかをみるために，売上原価を計算しなければなりません。このことを公式で示すと次のようになります。期首は商売をはじめるとき，期末は商売をいったん終えて，もうけを計算するときのことです。期首商品棚卸

図表2－6　貸借対照表，損益計算書，キャッシュ・フロー計算書

貸借対照表

株式会社大阪商事	×1年3月31日		（単位：百万円）
（資産の部）		（負債の部）	
Ⅰ　流動資産		Ⅰ　流動負債	
1　現金及び預金	2,000	1　支払手形	1,100
2　受取手形	400	2　買掛金	1,300
3　売掛金	1,500	3　短期借入金	1,200
4　有価証券	700	その他	400
5　商品	920	流動負債合計	4,000
6　その他流動資産	80	Ⅱ　固定負債	
流動資産合計	5,600	長期借入金	1,300
Ⅱ　固定資産		退職給付引当金	200
1　有形固定資産		固定負債	1,500
（1）建物	5,000	負債合計	5,500
（2）構築物	400	（純資産の部）	
（3）備品	2,000	Ⅰ　株主資本	
2　無形固定資産		1　資本金	7,000
のれん	400	2　資本剰余金	500
3　投資その他の資産		3　利益剰余金	
投資有価証券	450	利益準備金	300
長期前払費用	50	その他利益剰余金	650
繰延税金資産	100	Ⅱ　評価・換算差額	
固定資産合計	8,400	その他有価証券評価差額金	50
		純資産合計	8,500
資産合計	14,000	負債・純資産合計	14,000

図表2－6　つづき

損益計算書　　　　（単位：百万円）

株式会社大阪商事　×0年4月1日から×1年3月31日まで

売　　　　　上　　　　　高	20,000
売　　上　　原　　価	16,000
売　上　総　利　益	4,000
販 売 費 及 び 一 般 管 理 費	3,200
営　業　利　益	800
営　業　外　収　益	250
営　業　外　費　用	50
経　常　利　益	1,000
特　別　利　益	(50)
特　別　損　失	(50)
税 引 前 当 期 純 利 益	1,000
法 人 税, 住 民 税 及 び 事 業 税	270
法 人 税 等 調 整 額	△70
当　期　純　利　益	(800)

キャッシュ・フロー計算書　（単位：百万円）

	×1年
営業活動によるキャッシュ・フロー	6,000
投資活動によるキャッシュ・フロー	△2,000
財務活動によるキャッシュ・フロー	△3,800
現金及び現金同等物の増減額	200
現金及び現金同等物の期首残高	800
現金及び現金同等物の期末残高	1,000

高は，期首時点での商品の在庫の額を表します。期末棚卸高は，期末時点での商品の在庫の額（売れ残りの額）を表し，棚卸資産（商品）として貸借対照表に記載されます。

（a）売上原価＝期首商品棚卸高＋当期仕入高－期末商品棚卸高

（b）売上総利益（商品売買益ともいいます）＝当期売上高－売上原価

いま，次の計算問題の設例で説明しましょう。

設例2－1　期首商品棚卸高　＠￥5×10個＝￥50

　　　　　当期仕入高　　＠￥5×100個＝￥500

　　　　　当期売上高　　＠￥7×90個＝￥630

のとき，売上原価と売上総利益はいくらですか。なお，期末棚卸高（売れ残りの金額）は￥100（＠￥5×20個）であったとすると，売上原価と売上総利益はいくらですか。＠記号は単価を示します。＠￥5とは1個あたり￥5という意味です。

《解　答》

　　解答は，下記のようになります。単価を考えずに数量のみで考えますと，売った数量は 90 個
ですが，10 個＋ 100 個－ 20 個＝ 90 個としても計算できます。この 90 個に単価の ¥5 を掛けた
ものが，売上原価です。

　　　　売上原価 ＝ 期首商品棚卸高　　　＋　　当期仕入高　　　－　　　期末商品棚卸高
　　　　（¥450）　　（@¥5 × 10 個＝¥50）　（@¥5 × 100 個＝¥500）　（@¥5 × 20 個＝¥100）
　　　　売上総利益＝当期売上高－売上原価
　　　　（¥180）　　　　（¥630）　　　（¥450）

　　次に，企業会計上重要な用語である**減価償却**について説明しましょう。いろいろな説明
の仕方があるのですが，少し理論的に説明しておきましょう。いま収益（もうけ）は売上
高（各年度同額と仮定します）だけとします。費用（儲けるために使った金額）は，商売する
ために建物を購入した金額（建物費）あるいは減価償却費だけとします。収益から費用を
ひくと本当のもうけ（純利益といいます）が計算されます。いま仮に，建物を 900 万円で購
入し第 1 年度の純利益は 100 万円で，第 2 年・3 年度は 1,000 万円になります（図表 2 － 7
参照）。第 2 年・3 年度も第 1 年度に購入した建物を使って商売しているのに，純利益は違
ってきます。もし第 1 年・第 2 年・第 3 年の社長が違っていたらどうでしょうか。費用が
かかる建物を建てたことにより自らの業績が悪くなります。誰も多くの費用がかかる建物
を建てて商売をしようとは考えなくなります。いま各年度の社長が交代すると仮定しまし
ょう。第 1 年の社長は，第 2 年・3 年度の社長と比較されるとどうしても困ります。どう
すれば比較できるでしょうか。第 2 年・3 年度も第 1 年度に購入した同じ建物を使って商
売しているのだったら，その購入額（建物費）を使っている年度に分けたらどうかと（図
表 2 － 8 参照）。つまり 900 万円（その購入額）を 3 年だから 3 で割って 300 万円として各
年度の建物費を計算したらどうかと。このように分けて費用を計算することを**減価償却**と

図表 2 － 7　建物購入時に建物費として処理した場合（単位：万円）

	第 1 年度	第 2 年度	第 3 年度
収益	1,000	1,000	1,000
費用	900	0	0
純利益	100	1,000	1,000

図表 2 － 8　建物を減価償却費として処理した場合（単位：万円）

	第 1 年度	第 2 年度	第 3 年度
収益	1,000	1,000	1,000
費用	300	300	300
純利益	700	700	700

いい，その費用を**減価償却費**と呼んでいます。分けることを，専門用語で**（費用）配分**と呼んでいます。

📖 推薦図書
・伊藤邦雄（2022）『新・現代会計学入門　第5版』日本経済新聞出版。
・上野清貴（2022）『スタートアップ会計学　第3版』同文舘出版。

章末問題

1．財務会計の機能について述べなさい。

2．企業会計制度について説明しなさい。

3．次の（　　　）のなかに金額を記入しなさい（単位：円）。

	売上高	仕入高	期首商品棚高	期末商品棚高	売上原価	売上総利益
①	32,000	29,000	16,000	（1）	24,000	（2）
②	（3）	51,000	（4）	28,000	66,000	30,000
③	72,500	70,000	34,000	41,000	（5）	（6）

第3章

企業会計を支える仕組み

　企業の実態を示す財務諸表は，企業会計原則や会計基準に従って作成されます。つまり，企業会計原則や会計基準などを理解しなければ，財務諸表から企業の実態を読み解くことはできません。本章では，企業会計の理論的仕組み，会計公準，基本的な会計原則等について学びます。

到達目標

①会計公準について説明することができる。
②発生主義について現金主義との比較から説明することができる。
③費用収益対応の原則について説明することができる。
④資産と負債の評価について説明することができる。

キーワード：会計公準，企業会計原則，企業実体の公準，継続企業の公準，貨幣的評価の公準，GAAP，期間損益計算，発生主義の原則，現金主義，実現主義の原則，費用収益対応の原則，取得原価，公正価値

Ⅰ 会計公準について

　今日の企業会計を支える理論的仕組みは，**会計公準**という土台の上に**企業会計原則・会計基準**があり，会計原則に支えられて**会計手続**がある，という構造をとっています。会計公準とは企業会計が成立するための基本的前提であり，会計原則・会計基準とは企業会計に関する具体的な行動規範です。そして，会計手続は具体的な会計処理方法をいいます。

図表 3 － 1 　企業会計を支える理論的仕組み

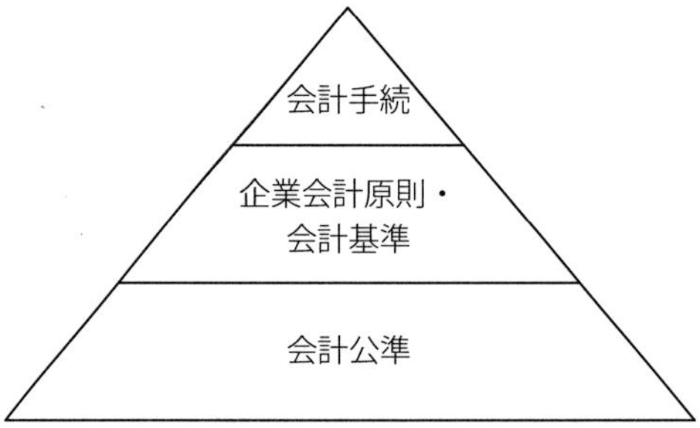

出所；筆者作成

　会計公準は，それがなければ会計が成立しないという意味で，会計理論や会計実務の基礎となる前提条件です。以下の 3 つの公準があり，これらは会計実務において暗黙のうちに承認されている会計慣行から，特に基本的なものを選び出したものです。

① 企業実体の公準

　企業実体の公準は，企業はその出資者から切り離されて独立し，企業そのものとして存在するとの仮定とする前提です。企業そのものとは，会計が行われる場所を指し，つまりは会計単位のことを表しています。通常会計単位といえば，独立の法人格を持った法的実体を指しますが，企業間に経済的に密接な関連のある場合は，法的実体の枠を超えて，これらの会社を1つの経済的実体として捉えることが適切です。その時に作成されるものが，連結財務諸表です。

② 継続企業の公準

　継続企業の公準は，会計の主体となる企業は，永久に継続するもの，つまり「**ゴーイング・コンサーン**（継続企業）」が前提とされています。倒産することを予定して事業活動を行っている企業はありません。企業は永久に永続するものと仮定されているのです。このように仮定すると，会計を行う場合，一定の期間を人為的に区切る必要があります。期間を区切らなければ，企業の経営成績や財政状態を利害関係者に報告することができないか

らです。現行の会計実務では，通常1年を会計期間として損益計算を行います。この期間損益計算を適正なものとするため，期末には「決算整理」という手続きが行われます。

③　貨幣的評価の公準

　貨幣的評価の公準は，企業の経済活動は貨幣額によって測定されるとする前提です。なぜならば，貨幣額が企業の経済活動の共通の測定尺度だからです。このようにすべての会計行為が貨幣単位により行われるということは，逆にいえば，企業活動のうち貨幣額によって測定できないものは，たとえそれが企業活動のために重要な役割を果たす要素であっても，会計の対象にはならないことを意味しています。例えば，経営者という人的資源を貸借対照表に資産として計上することは許されていません。経営者の能力が企業活動に欠かすことができない重要な財産であるとしても，それが貨幣的価値で客観的に評価・測定できない以上，会計の対象にはならないということです。

Ⅱ　企業会計原則と会計基準

　企業がその経済活動を金額で記録・計算し，その結果を財務諸表により利害関係者に報告する場合，それらの会計行為は一定の「ルール」に基づいて行われなければなりません。そのルールとは**一般に認められた会計原則**（GAAP：Generally Accepted Accounting Principles）や**一般に公正妥当と認められる企業会計の基準**を指します。「一般に認められた」や「一般に公正妥当と認められる」との表現は，それらの会計原則や会計基準が社会的に承認されているということであり，これらに従わなければならない，これに従わなければ間違いである，ということを意味しています。ですので，企業は「一般に認められた会計原則」と「一般に公正妥当と認められる企業会計の基準」に準拠して，財務諸表を作成，報告しなければならないのです。

　また，公認会計士や監査法人は，企業の財務諸表が一般に認められた会計原則と一般に公正妥当と認められる企業会計の基準に準拠して作成されているかどうかについて監査し，意見表明をします（詳しくは第13章）。つまり，これらは監査人が財務諸表の適正性について意見を表明する際の判断基準となります。

　併せて，株主や債権者といったステークホルダーは，これらの会計原則や会計基準を知ることで，財務諸表の作成原理や財務諸表の性質（財務諸表は事実と慣習と判断の総合的表現である，ということ）を理解し，企業実体を知ることができます。

　以上より，一般に認められた会計原則と一般に公正妥当と認められる企業会計の基準は，ディスクロージャー制度の中核に位置するものです。なお，会計原則は財務諸表全体に係る包括的な原則ですが，近年公表される会計の基準は，収益認識，金融商品，減損，リース取引，退職給付等，個別の項目に関するものとなっており，現在では，会計原則に

代わって，会計基準が広く用いられています。

Ⅲ 期間損益計算について

　先ほど継続企業の公準において，企業は永久に継続することが前提とされており，その
ため，期間を人為的に区切ってその間の企業業績を計算しなければならないと説明しまし
た。これを**期間損益計算**といいます。その期間は通常１年であり，この１年間の期間損益
を計算することが企業会計の目的です。そして，期間損益を算定するためには，発生主義
の原則，実現主義の原則，費用収益対応の原則が必要となります。

図表３−２　期間損益計算のルール

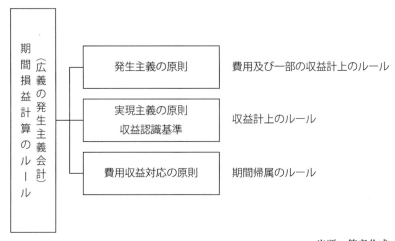

出所：筆者作成

（1）発生主義の原則

　発生主義の原則は，費用と収益はいつ発生したのか，つまりどの期間に属するのか（期
間帰属）を決定する原則のことです。なお，その金額は原則として，収入額及び支出額に
基づき決定されます（**収支額基準**）。期間帰属を決定することを**認識**といい，金額を決める
ことを**測定**といいます。

　ところで，①会計期間におけるすべての現金収入とすべての現金支出をそれぞれの期の
収益と費用とし，その収益と費用を対応させることにより期間損益を算定する方法を**現金
主義**といいます。つまり，収益（現金収入）−費用（現金支出）＝期間損益となります。

　現金主義は客観的かつ確実な損益計算方法です。しかし，各期間の損益を適正に算定す
ることはできません。なぜなら，例えば，最も一般的な販売方法である掛売りの場合，現
金収入がないので収益を計上することはできません。また，固定資産に関する減価償却費
は現金支出を伴わないので，計上することができないということになります。

　そこで，収益と費用がいつ発生したのかについては，現金収入と現金支出を基準とするのではなく，「事実の発生」に基づいて行うという発生主義が一般的になりました。

　つまり，収益は企業活動により新たに生み出された価値であり，費用はその収益を生み出すために消費された価値なので，価値を生み出す事実が当該期間に発生した場合には収益，価値の消費をもたらす事実が当該期間に発生した場合には費用として認識するのです。例えば，製品の製造という価値を生み出す事実が当期に発生した場合，現金収入がなくても当期の収益（売上）とするということです。

　発生主義の原則は，現代の会計において，中心となる原則です。しかし，すべての費用と収益の期間帰属が発生主義の原則だけで決められるのではありません。特に，通常の商品や製品の販売，サービスの提供に関する収益に関しては，次の実現主義の原則に従うことになります。

（2）実現主義の原則と収益認識基準

　収益の認識基準について，従来は「売上高は，実現主義の原則に従い，商品等の販売又は役務の給付によって実現したものに限る」とだけ定められており，明確なルールがない状態でした。収益は，本来，経営活動の全体を通じて徐々に作り出されるものであり，特定の時点に突然現れるものではありません。製造業においては，「原材料や労働力等の購入 → 生産活動 → 販売活動 → 販売代金の回収」という一連の流れの中で収益が作り出されるのであるため，通常の販売においては，収益の**確実性**や**客観性**を確保するため，収益の計上は「実現したもの」に限るとされていました。このような収益の期間帰属を決定するための原則を，**実現主義の原則**といいます。各企業は長年にわたり，実現主義の原則に従い，売上の計上を行ってきました。

　しかし，「企業会計原則」などに実現主義の原則の定義は存在せず，実現の判断は慣習に基づき行われていました。これでは，同一の事実に対して異なる会計処理が行われる可能性があり，企業間の比較を適切に行うことができません。

　そこで，日本の会計基準を国際的な会計基準に合わせる方針から，2018年に新たに「**収益認識に関する会計基準**」が公表されました。導入の目的は，今まで曖昧だった売上計上のルールを明確にし，取引の実態に合わせた売上計上を行うようにすることにあります。この基準は，2021年4月1日以降に始まる事業年度から，大企業で強制適用となっています。

（3）費用収益対応の原則

　通常，費用が先に発生し，その後に収益が実現します。その結果，費用と収益の認識に時間的ずれが発生しますので，適正な期間損益を算定するためには，この時間的ずれを調整し，1会計期間に実現したすべての収益とこれを生み出すために消費されたすべての費

用を対応させることが必要です。これが**費用収益対応の原則**です。

　この原則に従うと，発生主義により算定された費用のうち，当期に実現した収益に対応する部分のみが当期の費用として計上されることになります。例えば，仕入れた商品のうち当期に売り上げられた商品（売上高）に対応する部分だけが当期の費用（売上原価）となるのです。そして，売れ残った商品は，資産として貸借対照表に計上され，次期以降の売上に対応する費用となります。

　費用と収益の対応関係は，**個別的対応**と**期間的対応**に分けられます。個別的対応とは，商品などの売上高とそれに対応する売上原価のように因果関係に基づいて対応関係が個別にわかるものをいいます。期間的対応とは，個別的対応が見出しにくく，その期間に発生した費用を同期間の収益と対応させるもので，売上高と販売費及び一般管理費の対応などがこれに当たります。

図表3－3　費用収益対応の原則（売上高との対応関係）

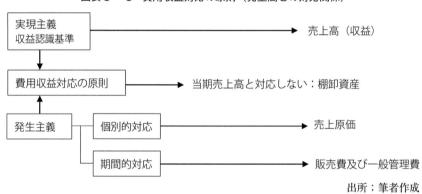

出所：筆者作成

Ⅳ　資産と負債の評価基準について

　貸借対照表が企業の財政状態を適正に表示するためには，そこに記載される項目の価額が適切に決定されなければなりません。貸借対照表項目の価額を決定することを「**評価**」といいます。

（1）資産の評価について

　資産の評価基準には，**取得原価**と**時価**があります。取得原価で資産を評価すれば，検証可能な信頼性高い価額がわかりますが，現在の価値を表していないので，取得原価を基礎に作成された財務諸表だけでは企業実体が明らかにならない可能性があります。一方，時価で資産を評価すれば，現在の価値を表すことになりますが，財務諸表利用者がその価額を検証することが難しいことから，その価額は信頼性が低くなります。また，時価を基礎

とした場合，価格変動の影響を受けるので，期末に算出される利益が大きく変動することになります。

　日本の会計制度において，これまで取得原価が資産評価の基礎とされていました。しかし，すべての資産が取得原価で評価されるわけではありません。とりわけ近年，時価で評価される項目が増加しています。例えば，売買目的有価証券などの金融商品は，取得原価ではなく時価で評価するほうが財務諸表利用者にとって有用な情報となります。日本において，**討議資料「概念フレームワーク」**のなかで，資産を「過去の取引又は事象の結果として，報告主体が支配している経済的資源」と定義しています。ここでいう「経済的資源」がキャッシュの獲得に貢献する便益<small>べんえき</small>の集合体を指すことから，信頼できる時価が入手可能な項目は積極的に時価で評価する傾向がみられます。

　以上のように，資産の評価の主軸は，取得原価から時価へとシフトしつつあります。しかし，時価といっても，購入市場の時価や，売却市場の時価，将来キャッシュ・フローの現在価値など，その内容は様々です。近年では，これらの評価基準は**公正価値**という概念によって統一的に整理されています。

（2）貨幣性資産と費用性資産

①　貨幣性資産

　貨幣性資産とは，現金及びこれに準ずるもので，支払手段としてすぐに，あるいは短期の間に使用できる資産のことをいいます。具体的なものとして，現金預金や売上債権，売買目的有価証券があります。これらのうち，現金は，そのまま額面どおりに評価され，その他の貨幣性資産は将来の現金回収可能額で評価するのが原則です。

②　費用性資産

　費用性資産とは，将来，企業経営活動で利用され，費用化されていくものをいいます。つまり，将来の収益に対応させるべき原価であり，これには棚卸資産や有形固定資産，無形固定資産，繰延資産が含まれます。これらは原則として，取得原価により評価されます。取得原価とは，その資産を取得するために支出した貨幣額のことを指します。つまり，これらに関しては，時価が上昇したからといって，その資産の評価額を切り上げることは原則としてしないということになります。

（3）負債の評価について

　日本において，討議資料「概念フレームワーク」のなかで，負債とは「過去の取引又は事象の結果として，報告主体が支配している経済的資源を放棄もしくは引き渡す義務，又はその同等物」とされており，買掛金や支払手形，借入金のような負債は，通常，法律上の確定債務であるため，その金額は「契約上の取引金額」として確定しています。また，

貨幣価値が変動しても，負債の金額は変動しません。つまり，インフレが進んだり，デフレになったりということがあっても，返済金額が増加したり減少したりすることはないということです。

📖 推薦図書

・伊藤邦雄（2020）『新・現代会計入門（第4版）』日本経済新聞出版社。
・桜井久勝（2021）『財務会計講義（第22版）』中央経済社。

章末問題

1．3つの会計公準について説明しなさい。

2．発生主義について，現金主義との比較の観点から説明しなさい。

3．費用収益対応の原則について説明しなさい。

4．資産を取得原価で評価する場合，時価で評価する場合のそれぞれについて，メリットとデメリットを説明しなさい。

第4章

連結会計

　金融ビッグバンの一環として，企業会計の領域でも大幅な改革が行われ，連結財務諸表を中心としたディスクロージャー制度の強化が進められています。本章では，ディスクロージャー制度の中心となっている連結財務諸表について学修し，その作成目的や作成方法を理解しましょう。

到達目標

①連結会計導入の背景と連結財務諸表の作成目的について説明することができる。
②連結会計が扱う範囲について説明することができる。
③連結財務諸表の作成方法について説明することができる。

キーワード：会計ビッグ・バン，連結財務諸表，親会社，子会社，
　　　　　　関連会社，持株比率基準，支配力基準，影響力基準，
　　　　　　のれん，非支配株主

Ⅰ 連結会計導入の背景

　従来，日本の会計制度は，親会社単体の決算が開示の中心でした。そのため，親会社と支配関係にある子会社は，親会社の利益を最大化することを目的に経営活動を行っていました。

　しかし，2000年から始まった「**会計ビッグ・バン**」により，日本でも企業グループ全体の利益を重視し，それを開示の中心とすることになりました。それに合わせて，企業経営の目標も，親会社の利益ではなく，グループ全体の利益最大化へと変化しました。

　このように，現在，企業の活動は大規模になり，1つの会社が単体で経済活動を行うことにとどまらず，企業グループ全体で経済活動を行うようになっています。そして，金融商品取引法では，企業グループ全体の財務諸表を作成し，公表することを求めています。この企業グループの経済的実体を記載した財務諸表のことを，**連結財務諸表**といい，この連結財務諸表は，親会社が作成し公表します。なお，法的実体としての一つ一つの会社が作成する単体の財務諸表を，個別財務諸表といいます。

図表4-1　個別財務諸表と連結財務諸表

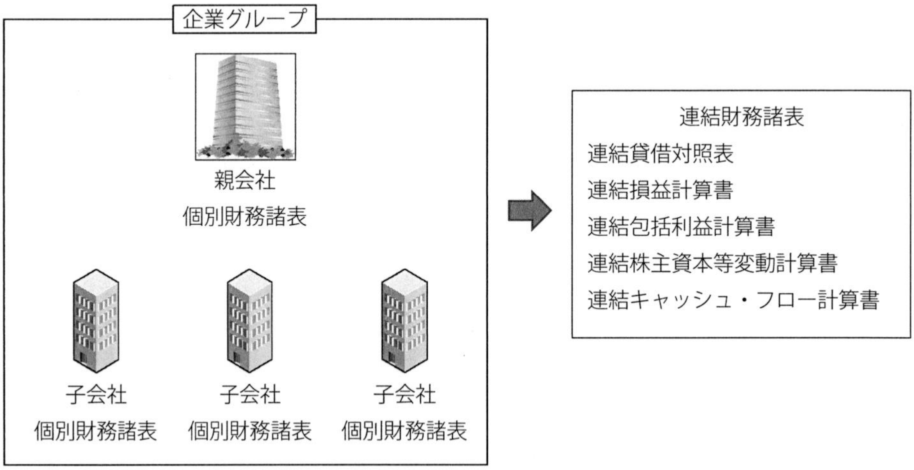

出所：筆者作成

　以上，親会社や子会社といった複数の会社で構成されている企業グループ全体を一つの会社とみなして，親会社が連結財務諸表を作成するための会計のことを，連結会計といいます。つまり，連結会計の目的は，以下の2点です。

① 支配従属関係にある会社を1つの集団（企業集団）とみなして，

② 企業集団を1つの会社と捉えた財務諸表（連結財務諸表）を作成する

Ⅱ　連結の範囲

図表4－2　子会社と関連会社

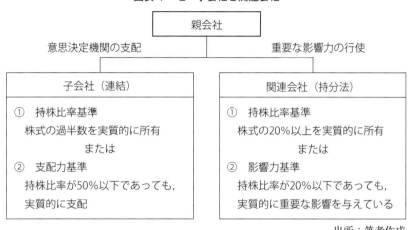

出所：筆者作成

　会計上の「グループ会社」の定義は厳格に定められており，それは連結財務諸表に含める会社か，含めない会社かで区分されます。会計上のグループ会社を「**関係会社**」といい，「**親会社**」を中心として「**子会社**」と「**関連会社**」に分けられます。

① 　子会社

　子会社に区分されるかどうかを判定する際，持株比率基準と支配力基準という2つの基準を用います。

　例えば，P社（親会社を示すParentの頭文字をとってP社と表します）がS社（子会社を示すSubsidiaryの頭文字をとってS社と表します）の議決権のある株式を50％超（つまり51％以上）所有している場合，P社はS社の親会社にあたり，S社はP社の子会社ということになります。これが**持株比率基準**です。株式の過半数を取得していれば，議決権を通じてその会社を支配することができることから，このような状況を支配従属関係にあるといいます。

　さらに，P社がS社の議決権のある株式を50％超（つまり51％以上）所有していない場合であっても，P社がS社を実質的に支配している場合はあります。例えば，S社の取締役がP社からの者で，経営方針などをA社が実質的に決定することができる場合です。このような場合も，S社はP社の子会社ということになり，支配従属関係にあると表現されます。これが**支配力基準**です。

② 　関連会社

　関連会社に区分されるかどうかを判定する際，持株比率基準と**影響力基準**という2つの

基準を用います。

　例えば，Ｐ社がＡ社の議決権のある株式を20％以上所有していた場合，Ｐ社はＡ社の親会社，Ａ社はＳ社の関連会社ということになります。これが持株比率基準です。原則としては，持株比率が20％以上，50％以下であれば関連会社に該当します。

　しかし，Ｓ社がＡ社の議決権のある株式を20％以上所有していない場合でも，Ｐ社がＡ社に重要な影響を与えることができることもあります。この場合もＡ社はＰ社の関連会社ということになります。これが影響力基準です。子会社の支配力基準よりもう少し弱いイメージとなります。

Ⅲ　連結財務諸表の作成方法

（1）連結財務諸表の目的

　連結会計によって作成する財務諸表は，**連結貸借対照表**，**連結損益計算書**，**連結包括利益計算書**，**連結株主資本等変動計算書**，**連結キャッシュ・フロー計算書**の5つです。これらは，①親会社，子会社のステークホルダーに対して，企業グループ全体に関する会計情報を提供するため，②親会社の経営者が子会社を含めた企業グループ全ての経営を効率的に管理するため，などの目的から作成されます。

（2）連結財務諸表の作成について

　親会社が作成する連結財務諸表には，原則，子会社は親会社の事業部や支店のように取り込まれることになります。つまり，親会社と子会社の売上高や資産などを勘定科目ごとに合算するなど，複数の財務諸表を一つの財務諸表にしてしまうということです。しかし，単純に合算するということではなく，連結会計には特有の手続きがあり，それに従って連結財務諸表を作成することになります。

　関連会社については，その財務諸表の金額を連結財務諸表に合算せず，関連会社が獲得した利益のうち，持株比率に応じた額だけ企業グループの利益を増やすという処理を行います。この手続きの仕方を**持分法**といいます。

　なお，子会社であっても，その資産や売上高の額が少ない等，連結の範囲から除いても企業グループの財政状態や経営成績等に関する合理的な判断を妨げない程度に重要性が低いものに関しては，連結の範囲に入れず，関連会社と同じように持分法を適用することになります。

　以降，連結貸借対照表と連結損益計算書の作成について説明します。

（3）連結貸借対照表

　連結貸借対照表は，企業グループ全体を1つの組織としてみた場合の資産と負債を対比

して示すことで，企業グループの財政状態を示すものです。これは，親会社と子会社の個別貸借対照表を基礎とし，子会社の資産及び負債を時価で評価したのち，同じ項目の金額を合算するとともに，企業グループ内での取引により生じた項目を相殺消去して作成されます。相殺消去とは，ある対照的な項目について同じ金額を差し引いて帳消しにすることをいいます。

　この連結貸借対照表の作成にあたって，相殺消去が必要な項目が2点あります。1つ目は親会社と子会社との間の債権と債務，2つ目は，親会社から子会社への出資に関連するものです。

　1つ目の**親会社と子会社との間の債権債務の相殺消去**とは，例えば，親会社が子会社に貸し付けを行った場合，その金額は親会社にとっては「子会社への貸付金」となり，子会社にとっては「親会社からの借入金」となります。また，子会社が親会社から商品を掛で仕入れた場合，親会社にとっては「子会社に対する売掛金」となり，子会社にとっては「親会社に対する買掛金」となります。これらは企業グループ内での取引にすぎないので，これらの金額は相殺消去が必要となります。

図表4－3　債権債務の相殺消去

親会社　貸借対照表　（単位：万円）		子会社　貸借対照表　（単位：万円）	
売掛金	500	買掛金	500
（内，子会社分	100）	（内，親会社分	100）

　図表4－3を見てください。企業グループ内の掛取引があったと仮定しています。親会社から子会社への掛売上があり，親会社の貸借対照表には子会社に対する売掛金100万円が計上されており，子会社の貸借対照表には親会社に対する買掛金100万円が計上されています。この売掛金100万円と買掛金100万円を以下の仕訳によって，相殺消去することになります。

（単位：万円）

（借方）　買　　掛　　金　　100	（貸方）　売　　掛　　金　　100

　2つ目は**親会社から子会社への出資に関連するもの**です。親会社の子会社への出資は，親会社の貸借対照表には「子会社株式」や「関係会社株式」として計上され，子会社の貸借対照表には「資本金」や「資本準備金」として計上されることになります。これらは企業グループ内での取引にすぎないので，これらの金額は相殺消去が必要となります。

　親会社が子会社を持つには，親会社が子会社を設立する方法と，他の会社の株式を購入して子会社にする方法の2つのパターンがあります。またそれぞれにおいて，親会社の持株比率が100%の場合と100%未満の場合があります。まずは100%子会社を設立した場

合から見てみましょう。

① 100％子会社を設立する場合

図表4－4　100％子会社設立

親会社　貸借対照表　（単位：万円）	
投資その他の資産	
子会社株式　　　　200	

子会社　貸借対照表　（単位：万円）	
	純資産の部
	資本金　　　　　100
	資本準備金　　　100

　100％子会社を設立する場合，親会社から子会社への出資額がそのまま親会社の投資の金額となり，子会社の資本の金額となります。図では，親会社が子会社に200万円を出資し，子会社はそれを資本金100万円と資本準備金100万円とに分けて計上しています。これは，企業グループ内で資金が移動したにすぎないため，この親会社の出資と子会社の資本を以下の仕訳によって，相殺消去する必要があります。

（単位：万円）

（借方）　資　本　　金　　100	（貸方）　子会社株式　　200
資本準備金　　100	

設例4－1　P社はS社の株式100％を20X1年度期末に1,000万円で取得しました。この時の両社の貸借対照表は以下のとおりです。取得時の連結貸借対照表を作成しなさい。なお，S社の資産，負債は時価で評価されています。

P社	貸借対照表	（単位：万円）	
流動資産	500	負　債	400
固定資産	3,000	資本金	2,600
子会社株式	1,000	資本準備金	1,500
	4,500		4,500

S社	貸借対照表	（単位：万円）	
流動資産	200	負　債	100
固定資産	900	資本金	700
		資本準備金	300
	1,100		1,100

《解答・解説》

　P社とS社の連結財務諸表を作成するには，時価評価された資産と負債の金額を合算し，P社の投資額である1,000万円とS社の資本勘定（資本金700万円＋資本準備金300）を相殺消去します。

連結貸借対照表　（単位：万円）

流動資産	700	負　債	500
固定資産	3,900	資本金	2,600
		資本準備金	1,500
	4,600		4,600

（単位：万円）

| （借方） | 資　　本　　金 | 700 | （貸方） | 子　会　社　株　式 | 1,000 |
| | 資　本　準　備　金 | 300 | | | |

②　他の会社の株式を購入し，持株比率100％子会社とした場合

図表4－5　他の会社株式100％取得

親会社　貸借対照表　（単位：万円）

| 投資その他の資産 | |
| 子会社株式 | 500 |

子会社　貸借対照表　（単位：万円）

純資産の部	
資本金	200
資本準備金	125
任意積立金	95
（のれん	80)[※]

　次に，親会社が他の会社の株式を購入して子会社にする場合を考えましょう。図表4－5を見てください。親会社が子会社の株式を500万円で購入して，100％子会社としました。子会社の貸借対照表を見ると，純資産は合計して420万円です。つまり，「純資産が420万円の会社を500万円で購入した」ということです。ここで生じる80万円の差額のことを**のれん**といいます。のれんは，資産と負債の差額である純資産よりも多い金額を払ってその会社の株式を購入したことを意味するものです。これは，親会社が子会社の経営を支配するために，親会社が余分に支払ったことから生じるもので，連結貸借対照表上の資産に計上されます。

（単位：万円）

（借方）	資　　本　　金	200	（貸方）	子　会　社　株　式	500
	資　本　準　備　金	125			
	任　意　積　立　金	95			
	の　　れ　　ん	80			

　のれんは20年以内の適切な期間で定額法などの方法によって償却することになっています。この事例でのれんを定額法により20年間で償却する場合，80万円÷20年の4万

※学修の便宜上，子会社の貸借対照表の貸方にのれんを記載しています。

円の償却をおこないます。連結貸借対照表上ののれんからはこの額だけ毎期減額し，のれん償却は連結損益計算書に費用として計上します。

(単位：万円)

(借方) の れ ん 償 却 額	4	(貸方) の れ ん	4

設例4－2　P社はS社の株式100％を20X1年度期末に1,200万円で取得しました。この時の両社の貸借対照表は以下のとおりです。取得時の連結貸借対照表を作成しなさい。なお，S社の資産，負債は時価で評価されています。

P社　貸借対照表　(単位：万円)

流動資産	300	負 債	400
固定資産	3,000	資本金	2,600
子会社株式	1,200	資本準備金	1,500
	4,500		4,500

S社　貸借対照表　(単位：万円)

流動資産	200	負 債	100
固定資産	900	資本金	700
		資本準備金	300
	1,100		1,100

《解答・解説》

P社の投資が1,200万円であるのに対して，S社の資本勘定は設例4－1と同じく1,000万円であり，この差額の200万円はのれんとして貸借対照表に計上されます。のれんは，P社がS社の資本（純資産）よりも200万円高い金額でS社の株式を取得したことを意味します。

連結貸借対照表　(単位：万円)

流動資産	500	負 債	500
固定資産	3,900	資本金	2,600
のれん	200	資本準備金	1,500
	4,600		4,600

(単位：万円)

(借方) 資 本 金	700	(貸方) 子 会 社 株 式	1,200
資 本 準 備 金	300		
の れ ん	200		

> **COLUMN**　のれんの会計処理
>
> 　日本の会計基準においてのれんは，建物や機械と同じように償却を行います。しかし，後に説明する国際会計基準（第14章）では，のれんは土地と同様，定期的な償却はせず，減損会計のみを適用します。減損会計とは，簡単にいうと，投資が回収できない見込み（減損）が出てきた場合に，その見込みを財務諸表に反映させるための会計です。つまり，減損が生じたときに大きな損失が計上されることはありますが，日本のように毎期償却費を計上することはありません。つまり，償却費が計上されない分，毎期の純利益は日本の会計基準を適用する場合よりも大きくなるので，国際会計基準を適用すると企業の業績がよく見えることになります。

③　他の会社の株式を購入し，持株比率100％未満の子会社とした場合

　先に説明したように，親会社の持株比率が100％未満の子会社も存在します。この場合，親会社が子会社の株式を100％所有していないのであれば，その子会社には親会社以外にも株主がいるということになります。親会社は子会社を支配している株主ですが，親会社以外に存在する株主のことを**非支配株主**といいます。

　連結会計では，親会社の株主と非支配株主との関係に関して，親会社説と経済的単一体説という考え方があります。**親会社説**では，親会社を中心に考え，親会社の株主だけが連結会計における株主であるように考えます。一方，**経済的単一体説**では，親会社の株主も非支配株主も同じ企業グループにおける出資者であると考えます。現在の連結会計では，この2つの考え方が混ざり合っている状態にあります。

　これについて説明しましょう。連結貸借対照表では，純資産の部に親会社にとっての株主資本の区分を作り，その中で連結での資本金，資本剰余金，利益剰余金を表示しています。非支配株主の株主資本に該当する部分は，純資産の部に非支配株主持分として一括して表示します。

　さて，②の数字例で，今回は子会社の発行済株式の80％を400万円で購入しました。連結会計では，子会社の資本に対する親会社の持分は親会社の子会社株式を相殺消去しますが，非支配株主の持分は非支配株主持分として表示します。子会社の純資産420万円に対する親会社の持分は420万円×80％の336万円となり，非支配株主の持分は420万円×20％の84万円となります。つまり，親会社は子会社の純資産のうち336万円を400万円で買収したということになり，のれんとして400万円−336万円の64万円が計上されます。これは上記②の場合におけるのれん80万円の80％に相当します。

（単位：万円）

（借方）	資　　本　　金	200	（貸方）	子 会 社 株 式	400
	資 本 準 備 金	125		非支配株主持分	84
	任 意 積 立 金	95			
	の　　れ　　ん	64			

（4）連結損益計算書

　連結損益計算書とは，企業グループ全体の１年間の活動によって，どのような源泉からいくらの純利益を獲得したかという経営成績を示すものです。これは，親会社と子会社の個別損益計算書を基礎とし，同じ項目の金額を合算するとともに，企業グループ内での取引により生じた項目を相殺消去して作成されます。

　この連結損益計算書の作成にあたって，相殺消去が必要な項目が２点あります。１つ目は親会社と子会社間の内部取引，２つ目は期末在庫等に含まれる未実現利益です。

　１つ目の，**親会社と子会社間の内部取引の相殺消去**とは，例えば，親会社から子会社に商品を売ったという取引について，連結会計では同じ会社のある部門から別部門に商品が移動したと考えます。つまり，この場合，親会社の損益計算書には子会社への売上が載っており，子会社の損益計算書には親会社からの仕入が載っていますが，これは連結会計においては企業グループ内での取引にすぎないので，これらの金額は相殺消去が必要となります。

　図表４－６を見てください。親会社の子会社株式の持株比率は，80％とします。今期，親会社は商品50個を@10,000円で仕入れ，単価@15,000円で子会社に販売し，子会社はこのうち40個を@20,000円で企業グループ外部の会社に販売しています。この場合，親会社の損益計算書と子会社の損益計算書の単純な合計金額から，売上高と売上原価の相殺消去を行います。

（単位：万円）

（借方）	売　　　上　　　高	75	（貸方）	売 上 原 価 （当期仕入高）	75

　その他，企業グループ内での資金の貸し借りがあり利息が支払われている場合も，企業グループ内の取引に該当しますので，受取利息と支払利息とが相殺消去されます。

　２つ目は，**期末在庫等に含まれる未実現利益の消去**です。先ほどの例で説明します。今，子会社の期末在庫が15万円と記載されています。これは，親会社が@10,000円で仕入れたものに，@5,000円の利益を加えて，@15,000円で子会社に販売したもののうち，期末に残っているものです。この期末在庫で問題になるのが，この期末在庫15万円には５万

図表4－6　連結損益計算書作成の流れ

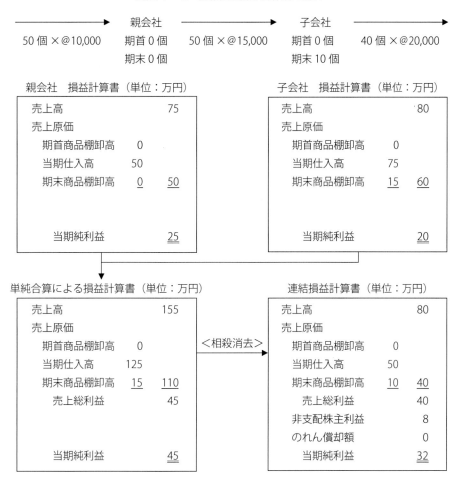

円（10個×@5,000円）の利益が含まれているということです。先ほど説明した通り，連結会計では，同じ会社の中で商品が移動したに過ぎないと考えますので，この利益は企業グループ外部に販売していないことから，実現したものとは考えません。こうした利益のことを**未実現利益**といい，連結会計では消去します。

（単位：万円）

（借方）　売　上　原　価　　　5	（貸方）　繰　越　商　品　　　5
（期末棚卸高）	（商品）

　この場合では，未実現利益5万円分だけ期末の貸借対照表の商品と損益計算書の売上原価の内訳項目である商品期末棚卸高が多くなっている状態です。そこで，連結会計において消去仕訳をおこない，貸借対照表の商品を5万円分減少させ，損益計算書の売上原価を5万円分増加させます。この売上原価5万円分の増加は，売上原価の内訳項目である商品

期末棚卸高を5万円分減少させることになります。

　なお，このような未実現利益が生じる取引は，商品売買だけでなく，例えば親会社が所有している土地を子会社に売却した場合にも，それにより売却益が生じていれば未実現利益となります。

設例4－3　P社はS社に対して，商品50万円を掛により販売しました。この時に連結会計において必要な仕訳を示しなさい。

《解答・解説》

　連結会計において，企業グループ間で商品売買を行った場合，売上高と売上原価を相殺消去します。

（単位：万円）

（借方）　売　　上　　高	50	（貸方）　売　上　原　価	50
		（当期仕入高）	

　このようにして作成された連結損益計算書には，個別の損益計算書にはない，連結損益計算書特有の項目が出てきます。それは，**非支配株主利益，のれん償却額，持分法による投資損益**の3項目です。図表4－6では非支配株主利益とのれん償却額を記載しています。

　非支配株主利益は，子会社が獲得した利益のうち，親会社ではない企業グループ外の株主，つまり非支配株主に帰属する部分であり，子会社の当期純利益40万円×非支配株主持分20％の8万円となります。非支配株主に帰属する利益は，親会社の利益には該当しないので，連結損益計算書上の当期純利益の計算から控除することになります。

📖 推薦図書

・飯塚幸子（2019）『初めて学ぶ連結会計の基礎（第2版）』税務研究会出版局。
・山地範明（2021）『エッセンシャル連結会計（第2版）』中央経済社。

章末問題

1．連結会計導入の背景と連結財務諸表の作成目的について述べなさい。

2．次の用語や概念について説明しなさい。

① 子会社の範囲　② 関連会社の範囲　③ のれん

3．次の取引において，必要な仕訳を示しなさい。

① P社はS社に対する短期貸付金200,000円があり，それにより受取利息12,000円を計上しています。

② P社は20X1年期末にS社株式の70%を150,000円で取得し，子会社としました。その時のS社の貸借対照表は以下のとおりです。なお，S社の資産，負債は時価で評価されています。

S社　貸借対照表　　（単位：円）

流動資産	300,000	負　債	200,000
固定資産	100,000	資本金	100,000
		資本準備金	100,000
	400,000		400,000

③ P社はS社に原価率80%で商品を販売している。S社の期末商品4,000円はP社から仕入れたものです。

第5章
キャッシュ・フロー計算書

キャッシュ・フロー計算書とは，一会計期間におけるキャッシュ・フローの状況を表示する計算書です。日本では，2000年3月期決算から，株式を公開している企業に，第三の財務諸表としてキャッシュ・フロー計算書の作成が義務づけられました。

本章では，キャッシュ・フロー計算書の概要及びキャッシュ（資金）の範囲について学び，さらにキャッシュ・フローは営業活動，投資活動，財務活動という3つの区分に分けて表示されているので，これらの活動区分の意味とそれぞれの区分に表示される内容について学びます。

[到達目標]

①キャッシュ・フロー計算書とはどのような計算書であるのか，またキャッシュ・フロー計算書を作成する理由について説明することができる。

②営業活動によるキャッシュ・フロー，投資活動によるキャッシュ・フロー，財務活動によるキャッシュ・フローの3つの区分それぞれの意味と表示される内容について説明することができる。

③営業活動によるキャッシュ・フローを直接法と間接法で作成することができる。

キーワード：キャッシュ・フロー計算書，キャッシュ（資金），現金，現金同等物，営業活動によるキャッシュ・フロー，投資活動によるキャッシュ・フロー，財務活動によるキャッシュ・フロー

Ⅰ キャッシュ・フロー計算書

（1）キャッシュ・フロー計算書とは

　キャッシュ・フロー計算書（英語表記：Cash Flow Statement ＜略＞ C/S）とは，一会計期間におけるキャッシュ・フローの状況を一定の活動区分別に表示するものであり，貸借対照表及び損益計算書と同様に，企業活動全体を対象とする重要な情報を提供する計算書です。キャッシュ・フローとは，「資金」の「流れ」——資金の増加（キャッシュ・インフロー）または資金の減少（キャッシュ・アウトフロー）——を意味します。つまり，キャッシュ・フロー計算書は，一会計期間において，どのような原因で資金が増加し，または資金が減少したのかを表示する計算書といえます。したがって，資金の増加または資金の減少を伴わない交換取引等は，キャッシュ・フロー計算書には反映されません。また，当座預金から普通預金への預け替えのように，現金及び現金同等物相互間の取引は，資金の増加または資金の減少が生じないため，キャッシュ・フロー計算書上の記載対象とはなりません。

　会計上ではもうかっているにもかかわらず，実際の支払いの際に資金が足りなくて困るということがあります。なぜこのようなことが起きるのでしょうか。

　現在の会計は，現金主義会計（現金収入＝収益，現金支出＝費用，利益＝現金余剰）ではなく，発生主義会計を採用しているため，損益計算書で利益が計上されていても，現金が同額増加するわけではありません。つまり，損益計算書に収益と費用が計上されるタイミングと，現金収入と現金支出のタイミングに違いがあります。その原因は，たとえば，掛売上は，売上高として収益に計上しているが，現金が入っているわけではないし，掛仕入も費用として計上しているが，現金が支出されるわけではないということ，減価償却費は，費用として計上しているが，現金が支出されるわけではないということ，金融機関からの借り入れは，収益として計上されていないが，現金が増加しているということがあげられます。このように収益と費用の計上と現金の入りと払い出しのタイミングが一致しないことで，損益計算書では利益となっているにもかかわらず，現金が足りなくて支払いに困るという「勘定合って銭足らず」ということが起こります。その結果，企業が倒産に至ってしまうのが「黒字倒産」です。これを防ぐためには，損益とは別に資金の情報が重要となります。そのため，損益計算書では提供できない，企業の資金の流れを明らかにするキャッシュ・フロー計算書が必要とされるようになったのです。日本では，2000年3月期決算から，株式を公開している企業に，第三の財務諸表としてキャッシュ・フロー計算書の作成が義務づけられました。

（2）キャッシュ（資金）の範囲

　キャッシュ・フロー計算書が対象とするキャッシュ（資金）の範囲は，現金及び現金同

等物です。キャッシュ（資金）の範囲は，貸借対照表の現金及び預金とは必ずしも一致していません。

　まず，**現金**とは，手許現金及び要求払預金をいいます。要求払預金とは，顧客が事前通知をしないで，あるいは数日の事前通知により，元金を引き出すことができる期限の定めのない預金をいいます。要求払預金には，たとえば，普通預金，当座預金，通知預金が含まれます。なお，預入期間の定めがある定期預金は，ここにいう要求払預金には該当しません。

　次に，**現金同等物**とは，容易に換金可能であり，かつ，価値の変動について僅少なリスクしか負わない短期投資をいいます。現金同等物には，たとえば，取得日から満期日または償還日までの期間が３か月以内の短期投資である定期預金，譲渡性預金（満期日前に第三者に譲渡することができる定期預金証書），コマーシャル・ペーパー（企業が公開市場で割引形式で発行する無担保の約束手形）などが含まれます。現金同等物は，容易な換金可能性と僅少な価値変動リスクの要件をいずれも満たす必要があります。そのため，受取手形や売掛金は容易に換金することができないことから，また市場性のある株式等は換金が容易であっても，価値変動リスクが僅少とはいえないことから，現金同等物には含まれません。

　なお，現金同等物として具体的に何を含めるのかについては，各企業の資金管理活動により異なることが予想されるため，経営者の判断に委ねることが適当と考えられています。

　したがって，資金の範囲に含めた現金及び現金同等物の内容に関しては会計方針として記載するとともに，その期末残高と貸借対照表上の科目別残高との関係について調整が必要な場合は，その調整を注記することが求められています。

図表 5 － 1

資金の範囲	現金	手許現金	
		要求払預金	普通預金 当座預金 通知預金　など
	現金同等物	３か月以内の短期投資	定期預金 譲渡性預金 コマーシャル・ペーパー など

出所；筆者作成

（3）キャッシュ・フロー計算書の区分表示

　キャッシュ・フロー計算書は，３つのキャッシュ・フロー活動を区分する形式で次の図表 5 - 2 のように表示されます。

図表 5 − 2

キャッシュ・フロー計算書

Ⅰ 営業活動によるキャッシュ・フロー

Ⅱ 投資活動によるキャッシュ・フロー

Ⅲ 財務活動によるキャッシュ・フロー

現金及び現金同等物の増減額

現金及び現金同等物の期首残高

現金及び現金同等物の期末残高

　キャッシュ・フロー計算書では，一会計期間におけるキャッシュ・フローを「営業活動によるキャッシュ・フロー」，「投資活動によるキャッシュ・フロー」，「財務活動によるキャッシュ・フロー」の３つの区分に分けて表示し，差額としての正味キャッシュ・フローを計算しています。つまり，最初の３つのキャッシュ・フローを合計したものが「現金及び現金同等物の増減額」です。これに「現金及び現金同等物の期首残高」を加えれば，「現金及び現金同等物の期末残高」がわかります。したがって，大切なことは，３つの区分における資金の流れとそれぞれの関係を理解することです。

Ⅱ 営業活動によるキャッシュ・フロー

（1）営業活動によるキャッシュ・フロー

　営業活動とは，企業の主たる営業活動（本業）のことで，商品の販売，製品の製造・販売，サービスの提供に関連する諸活動を意味します。これには，損益計算書における営業利益を計算する過程の売上高，売上原価，販売費及び一般管理費に含まれる項目が主に該当します。**営業活動**による**キャッシュ・フロー**は，企業の主たる営業活動（本業）の程度を示しています。

　営業活動によるキャッシュ・フローの区分には，営業損益計算の対象となった取引に係るキャッシュ・フロー，営業活動に係る債権・債務から生ずるキャッシュ・フローならびに投資活動及び財務活動以外の取引によるキャッシュ・フローを記載します。

　営業損益計算の対象となった取引とは，商品及び役務の販売による収入，商品及び役務の購入による支出等とされており，売上高，売上原価，販売費及び一般管理費に含まれる取引に係るキャッシュ・フローは，営業活動によるキャッシュ・フローの区分に記載します。そして，営業活動に係る債権・債務から生ずるキャッシュ・フローには，商品及び役務の販売により取得した手形の割引による収入，営業債権のファクタリング等による収入も含まれます。また，営業活動に係る債権から生じた破産債権，更生債権等や償却済み債権の回収についても営業活動によるキャッシュ・フローの区分に記載します。さらに，災

害による保険金収入，損害賠償金の支払，巨額の特別退職金の支給など投資活動及び財務活動以外の取引によるキャッシュ・フローも営業活動によるキャッシュ・フローの区分に記載します。なお，取引先への前渡金や営業保証金の支出及び取引先からの前受金や営業保証金の収入等は，営業損益計算の対象には含まれず，また，営業活動に係る債権・債務から生ずるキャッシュ・フローにもあたらないが，その取引の性格から，営業活動によるキャッシュ・フローの区分に記載するものとされています。

　営業活動によるキャッシュ・フローの区分の情報により，企業が外部からの資金調達に頼ることなく，営業能力を維持し，新規投資を行い，借入金を返済し，配当金を支払うために，どの程度の資金を主たる営業活動から獲得したのか，について知ることができます。

　営業活動によるキャッシュ・フローは，企業の主たる営業活動（本業）による資金の増減を示していますので，3つのキャッシュ・フローのなかで，最も重要なキャッシュ・フローです。起業時や新規の事業への参入時のように先に資金が出ていくといった特別な事情がない限り，一般的に営業活動によるキャッシュ・フローはプラスとなり，プラスであることが企業経営上とても大切です。営業活動によるキャッシュ・フローがプラスになっていれば，企業の主たる営業活動（本業）でしっかり資金を残しているということを表しています。

　一方で，営業活動から得るキャッシュ・フローが企業活動の基本となるので，営業活動によるキャッシュ・フローがマイナスの場合は要注意です。営業活動によるキャッシュ・フローがマイナスになっていれば，売上が不振である，売上が上がっていても現金の回収が上がっていない，経費が多すぎている，といったことが考えられます。そのため，マイナスの原因を究明して早急に対策を考えなければなりません。たとえば，対策を考えることなく，営業活動によるキャッシュ・フローが数年連続してマイナスになった場合，そのような企業は資金繰りに困り，倒産するおそれがでてきます。

（2）営業活動によるキャッシュ・フローの表示方法

　営業活動によるキャッシュ・フローの表示方法には，図表5−3のとおり，直接法と間接法の2つがあります。企業は，継続適用を条件に直接法と間接法のいずれかの方法を選択することができます。直接法と間接法のいずれを採用しても，営業活動によるキャッシュ・フローの金額は同じです。なお，投資活動によるキャッシュ・フローの区分と財務活動によるキャッシュ・フローの区分の表示は共通です。

① 直接法

　直接法とは，営業活動によるキャッシュ・フローを商品の販売や仕入れ，給料の支払い，経費の支払いなどの主要な取引ごとに総額で表示する方法です。直接法は，営業活動による収入額と支出額の総額を表示するので，営業活動の規模を明らかにすること，また，営業活動による収入や支出の内訳を詳しく書くので，資金の流れを細かく把握することがで

図表５－３　直接法と間接法の表示

（単位：万円）　　　　　　　　　　　　　　　　　　　（単位：万円）

直接法		間接法	
営業活動によるキャッシュ・フロー		営業活動によるキャッシュ・フロー	
営業収入	25,500	税引前当期純利益	9,300
原材料及び商品の仕入による支出	△ 8,500	減価償却費	2,000
人件費の支出	△ 2,500	受取利息及び受取配当金	△ 500
その他の営業支出	△ 3,000	支払利息	200
…………………	……	売上債権の増加額	△ 300
…………………	……	棚卸資産の減少額	1,000
…………………	……	仕入債務の減少額	△ 200
…………………	……	…………………	……
小計	11,500	小計	11,500
利息及び配当金の受取額	500	利息及び配当金の受取額	500
利息の支払額	△ 200	利息の支払額	△ 200
法人税等の支払額	△ 1,000	法人税等の支払額	△ 1,000
営業活動によるキャッシュ・フロー	10,800	営業活動によるキャッシュ・フロー	10,800

きます。しかし，直接法は，損益計算書の利益と営業活動に関するキャッシュ・フローとの関係を明らかにすることができず，また，正確に記載するために資料を集める必要があるので時間と手間がかかります。

　直接法の場合，営業収入は損益計算書の売上高に貸借対照表の売上債権の増減額を加減_{かげん}し，商品の仕入支出は損益計算書の売上原価に貸借対照表の棚卸資産の増減額と仕入債務の増減額を加減することで作成されます。また，人件費や営業費など主要な取引も総額で表示します。

設例５－１　次の資料に基づき，営業活動によるキャッシュ・フローを直接法で作成してください（単位：万円）。

《資料》

1．資産・負債の増減と損益計算書は，次のとおりです。

（資産・負債の増減）				損益計算書	
期首売掛金残高	500	期末売掛金残高	600	売上高	900
期首商品残高	100	期末商品残高	50	売上原価	700
期首買掛金残高	430	期末買掛金残高	400	売上総利益	200
				販売費及び一般管理費	
				給料	100
				減価償却費	30
				税引前当期純利益	70

2．商品販売はすべて掛けで行われています。

3．給料は現金で支払いました。

《解　答》

　　　　キャッシュ・フロー計算書　（単位：万円）

　営業活動によるキャッシュ・フロー

　　営業収入　　　　　　　　　　　　　　　800

　　商品の仕入支出　　　　　　　　　△ 680

　　人件費支出　　　　　　　　　　　△ 100

　　営業活動によるキャッシュ・フロー　　　20

（計算方法）

　営業収入 ＝ 売上高 － 売掛金の増加額 ＝ 900 万円 － 100 万円 ＝ 800 万円

　商品の仕入支出 ＝ 売上原価 － 商品の減少額 ＋ 買掛金の減少額

　　　　　　　　　 ＝ 700 万円 － 50 万円 ＋ 30 万円 ＝ 680 万円

　人件費支出 ＝ 給料 ＝ 100 万円

② 　間接法

　　間接法とは，損益計算書の税引前当期純利益にいくつかの調整項目を加減して営業活動によるキャッシュ・フローを表示する方法です。損益計算書の利益と営業活動に関するキャッシュ・フローとの関係が明らかになります。また，間接法は，損益計算書と貸借対照表のデータがあれば作成することができるので，直接法のように別^{べっと}途資料を集める必要がありません。また，間接法の方が直接法よりも作成が容易なため，実務では多くの企業が間接法を採用しています。しかし，間接法は，営業活動による収入額と支出額の総額を表示しないので，営業活動の規模を明らかにすること，また，営業活動による収入や支出の内訳を詳しく書かないので，資金の流れを細かく把握することができません。

　　間接法の場合，損益計算書の税引前当期純利益からスタートして，現金支出を伴わない減価償却費や引当金繰入などを加算し，さらに現金収入とはならない売上債権の増加分などを減算し，現金支出とはならない仕入債務の減少分などを加算することで作成されます。

設例5-2　次の資料に基づき，営業活動によるキャッシュ・フローを間接法で作成してください（単位：万円）。

《資料》

1．資産・負債の増減と損益計算書は，次のとおりです。

資産・負債の増減				損益計算書	
期首売掛金残高	500	期末売掛金残高	600	売上高	900
期首商品残高	100	期末商品残高	50	売上原価	700
期首買掛金残高	430	期末買掛金残高	400	売上総利益	200
				販売費及び一般管理費	
				給料	100
				減価償却費	30
				税引前当期純利益	70

2．商品販売はすべて掛けで行われています。

3．給料は現金で支払いました。

《解　答》

キャッシュ・フロー計算書　（単位：万円）

営業活動によるキャッシュ・フロー

税引前当期純利益	70
減価償却費	30
売上債権の増加額	△100
棚卸資産の減少額	50
仕入債務の減少額	△30
営業活動によるキャッシュ・フロー	20

Ⅲ　投資活動によるキャッシュ・フロー

　投資活動とは，企業の営業能力を維持・拡張するための設備投資，資金運用を目的とした金融商品への投資，第三者に対する融資(ゆうし)に関連する諸活動を意味します。**投資活動によるキャッシュ・フロー**は，企業の投資活動の程度を示しています。

　この区分には，次のような項目が記載されます。

①　有形固定資産及び無形固定資産の取得による支出

②　有形固定資産及び無形固定資産の売却による収入

③　有価証券（現金同等物を除く）及び投資有価証券の取得による支出

④　有価証券（現金同等物を除く）及び投資有価証券の売却による収入

⑤　貸し付けによる支出

⑥　貸付金の回収による収入

投資活動によるキャッシュ・フローの区分の情報により，将来の利益獲得及び資金運用のために，どの程度の資金を支出したのか，あるいは回収したのか，また資産売却の内容や価額は適切なのか，などについて知ることができます。

企業が，現在の事業活動を維持するために設備の充実や修繕を行ったり，将来の利益獲得のために新しい事業を立ち上げるための土地や機械装置などを購入したりした場合には，投資活動によるキャッシュ・フローはマイナスになります。投資活動によるキャッシュ・フローがマイナスの企業は，現在の事業活動が堅調で，積極的に投資をして事業を拡大している「攻めの経営」をしていると見ることができます。投資活動によるキャッシュ・フローがマイナスになった場合，企業は建物や機械装置などへの設備投資を行っているのか，あるいは株式や債券などへの金融投資を行っているのかなどの分析が必要です。その分析の結果，投資活動によるキャッシュ・フローのマイナスの原因が将来のために積極的に投資しているということであれば，翌期以降の業績がよくなる可能性があるということになります。

一方で，企業が，手許の資金を確保するために保有している土地や有価証券を売却した場合，投資活動によるキャッシュ・フローはプラスになります。投資活動によるキャッシュ・フローがプラスの企業は，将来のための投資よりも所有する資産の売却を優先していると見ることができます。投資活動によるキャッシュ・フローがプラスになった場合，どのような投資分が現金化されたのか，あるいはどのような資金事情にあるのかなどの分析が必要です。その分析の結果，投資活動によるキャッシュ・フローのプラスの原因が土地や建物の売却による収入であったり，長期にわたって保有している株式や関係会社株式の売却による収入であったりすれば，手許の資金を確保したということより，それらを売却して資金を確保せざるを得ない状況にあるということになります。そのような企業は「守りの経営」に入っていると見ることができます。

Ⅳ　財務活動によるキャッシュ・フロー

財務活動とは，企業経営に必要な資金調達（借り入れ，社債発行，株式発行）や株主に対する配当金の分配に関連する諸活動を意味します。**財務活動によるキャッシュ・フロー**は，企業の財務活動の程度を示しています。

この区分には，次のような項目が記載されます。

①　株式の発行による収入

②　自己株式の取得による支出

③　社債の発行による収入

④　社債の償還による支出

⑤　借り入れによる収入

⑥　借入金の返済による支出

⑦　配当金の支払い

　財務活動によるキャッシュ・フローの区分の情報により，営業活動及び投資活動を維持するために，どの程度の資金を調達したのか，あるいは返済したのか，について知ることができます。

　企業が，自己株式を買い戻したり，株主に配当を支払ったり，借入金を返済したりした場合には，財務活動によるキャッシュ・フローはマイナスになります。営業活動によるキャッシュ・フローがプラスで資金に余裕がある場合には，資金調達は不要となり資金返済なども行われるので，財務活動によるキャッシュ・フローはマイナスになる傾向となります。

　財務活動によるキャッシュ・フローがマイナスということは，資金調達よりも資金返済や配当金の支払いを多く行っており，経営の観点から見れば，好評価（こうひょうか）のように見えます。しかし，この場合も経営状態が良いといえるかどうかは，それぞれの企業の状況によって異なります。たとえば，営業活動によるキャッシュ・フローがプラスで財務活動によるキャッシュ・フローがマイナスの場合には，業績が良く資金が潤沢（じゅんたく）にあり，新たな借り入れを行う必要がなく，順調に返済を進めているので，経営状況には何の問題もないと見ることができます。また，営業活動によるキャッシュ・フローがマイナスで財務活動によるキャッシュ・フローもマイナスが続いている場合には，企業の業績が悪く，営業活動及び投資活動を維持するための資金調達ができていない可能性があります。業績が悪いにもかかわらず，金融機関から融資を断られてしまうと手許資金が足りなくなり，キャッシュ不足に陥るリスクが高まります。早急に資金繰りの方法を考えなければなりません。

　一方で，企業が，株式や社債の発行，銀行からの借り入れなどで資金調達をすれば，財務活動によるキャッシュ・フローはプラスになります。設備投資などで多額の資金調達が必要になる場合には，社債の発行や銀行からの借り入れなどが行われるので，財務活動によるキャッシュ・フローはプラスになる傾向となります。

　財務活動によるキャッシュ・フローでは，こうした資金の調達や返済がどのような企業の活動と関連して行われたかを分析することが重要です。

📖 推薦図書

・大阪商工会議所編（2019）『ビジネス会計検定試験公式テキスト3級（第4版）』中央経済社。
・大塚宗春，福島隆，金子良太，菅野浩勢（2021）『テキスト入門会計学（第6版）』中央経済社。
・内藤文雄（2022）『会計学エッセンス（第5版）』中央経済社。

章末問題

1. キャッシュ・フロー計算書とはどのような計算書であるのか，またキャッシュ・フロー計算書を作成する理由を説明しなさい。

2. 次の資料に基づき，営業活動によるキャッシュ・フローを直接法で作成しなさい（単位：万円）。
《資料》
（1）資産・負債の増減と損益計算書は，次のとおりです。

（資産・負債の増減）				損益計算書	
期首売掛金残高	500	期末売掛金残高	550	売上高	900
期首商品残高	100	期末商品残高	70	売上原価	500
期首買掛金残高	415	期末買掛金残高	400	売上総利益	400
				販売費及び一般管理費	
				給料	150
				支払家賃	70
				減価償却費	90
				税引前当期純利益	90

（2）商品販売はすべて掛けで行われています。

（3）給料は現金で支払いました。

キャッシュ・フロー計算書

営業活動によるキャッシュ・フロー	
営業収入	（　　　　）
商品の仕入支出	（　　　　）
人件費支出	（　　　　）
その他の営業支出	（　　　　）
営業活動によるキャッシュ・フロー	（　　　　）
投資活動によるキャッシュ・フロー	
機械の取得	△ 75
投資活動によるキャッシュ・フロー	△ 75
財務活動によるキャッシュ・フロー	
短期借入による収入	15
財務活動によるキャッシュ・フロー	（　　　　）
現金及び現金同等物の増加額	（　　　　）
現金及び現金同等物の期首残高	30
現金及び現金同等物の期末残高	（　　　　）

3．次の資料に基づき，営業活動によるキャッシュ・フローを間接法で作成しなさい（単位：万円）。

《資料》

（1）資産・負債の増減と損益計算書は，次のとおりです。

（資産・負債の増減）				損益計算書	
期首売掛金残高	500	期末売掛金残高	550	売上高	900
期首商品残高	100	期末商品残高	70	売上原価	500
期首買掛金残高	415	期末買掛金残高	400	売上総利益	400
				販売費及び一般管理費	
				給料	150
				支払家賃	70
				減価償却費	90
				税引前当期純利益	90

（2）商品販売はすべて掛けで行われています。

（3）給料は現金で支払いました。

キャッシュ・フロー計算書

営業活動によるキャッシュ・フロー

税引前当期純利益	(＿＿＿＿)
減価償却費	(＿＿＿＿)
売上債権の増加額	(＿＿＿＿)
棚卸資産の減少額	(＿＿＿＿)
仕入債務の減少額	(＿＿＿＿)
営業活動によるキャッシュ・フロー	(＿＿＿＿)

投資活動によるキャッシュ・フロー

機械の取得	△ 75
投資活動によるキャッシュ・フロー	△ 75

財務活動によるキャッシュ・フロー

短期借入による収入	15
財務活動によるキャッシュ・フロー	(＿＿＿＿)
現金及び現金同等物の増加額	(＿＿＿＿)
現金及び現金同等物の期首残高	30
現金及び現金同等物の期末残高	(＿＿＿＿)

第6章

ファイナンス

　企業サイドでは事業を行うために資金の調達を行い，投資者サイドでは資金の供給を行っています。企業サイドでは事業投資や財務に関する意思決定を行うために，投資者サイドではリスクの軽減を図りながら，自分のリスク許容度に応じた望ましい投資を行うために，ファイナンスの知識が必要です。

　株式会社の資金調達には，負債による資金調達と株主資本による資金調達の方法があります。

到達目標

①株式会社のファイナンスについて理解する。

②貸借対照表と事業価値，企業価値の関係について理解する。

キーワード：ファイナンス，株式会社，投資者，事業価値，企業価値

Ⓘ ファイナンスとは

ファイナンスとは，資金の調達や供給を行うことです。事業を行う場合は資金の調達を，資金を余剰(よじょう)に持っている場合には資金の供給を行います。

あなたは将来ラーメン屋をやりたいと考えているとします。必要なものは，ラーメン屋を開くための店舗，ラーメンを作る設備，材料，ラーメンを作り，販売する労働力などです。事業を立ち上げ，店舗や設備を準備し材料を仕入れ，従業員を雇うにはお金が要(い)ります。

もしあなたが，個人事業としてラーメン屋を開業するなら，この資金は貯蓄から捻出(ねんしゅつ)するか，銀行などから借りることになります。自己資金か借入金です。

会社を作ってラーメン屋を開業する場合には，あなたが会社に出資したお金や借入金で資金調達することに加えて，**投資者**(とうししゃ)から会社に出資してもらって資金調達をすることもできます。

企業として事業を行う場合には，ファイナンスは企業サイドと投資者サイドの両面から考えることができます。企業サイドのファイナンスは企業経営者や財務担当者の側から見たファイナンスです。企業経営者や財務担当者は事業投資や財務に関する意思決定を行っています。投資者サイドのファイナンスは資金を投資したい投資者の側から見たファイナンスです。投資者はリスクとリターンを考慮した投資決定を行っています。

Ⓘ 株式会社

（1）企業等

まず，企業にはどのようなものがあるのかを押さえておきましょう。企業等として会社企業，会社以外の法人に分けて，見ていきましょう。

① 会社企業

会社企業に含まれるのは会社法上の会社と相互会社です。会社法上の会社には**株式会社**，合名会社，合資会社，合同会社があります。会社法は会社の設立，組織，運営及び管理について定めた法律で，2006年5月1日から施行されています。

有限会社は会社法施行以前に有限会社であった会社で，会社法施行後は会社法の適用を受け，株式会社として取り扱われるのですが，整備法により従前の有限会社に類似した制度を一定限度，引き続いて適用できることになっています。また会社法施行後は新たな有限会社の設立は出来なくなりました。

合名会社，合資会社，合同会社は会社法では持分会社(もちぶん)と呼ばれています。持分会社の社

員は出資者を示します。持分会社は設立コストが株式会社に比べて小さいため，小規模の会社に向いているとされ，また株式会社と異なり決算公告義務がなく情報開示の点では劣る一方，決算公告コストがかかりません。

　相互会社については，会社法ではなく保険業法が根拠法となっており，2022年3月31日現在は5社[1]となっています。また2000年に保険業法が改正され，保険相互会社の株式会社化を促進する流れになっています。

② 会社以外の法人

　会社以外の法人には会社以外の法人格を有する団体で独立行政法人，一般社団法人，一般財団法人，公益社団法人，公益財団法人，社会福祉法人，学校法人，医療法人，宗教法人などがあります。

③ 企業等の数

図表6−1　企業等の数（2020年6月1日現在）

企業等	企業数	種類	企業数
会社企業	1,223,237	株式会社・有限会社・相互会社	1,188,076
		合名会社・合資会社	11,498
		合同会社	23,663
会社以外の法人	131,200	会社以外	131,200
総計	1,354,437	総計	1,354,437

出所：以下より筆者作成
　　　経済構造実態調査 2020年経済構造実態調査（甲調査）　二次集計 企業等に関する集計1
　　　https://www.e-stat.go.jp/dbview?sid=0003433773
　　　「2020年経済構造実態調査」二次集計　結果の概要【甲調査編】
　　　https://www.stat.go.jp/data/kkj/kekka/pdf/2020gaiyo2.pdf

　日本にはどれぐらいの企業があり，その中で株式会社はどれぐらいあるのでしょうか。

　図表6−1には「経済構造実態調査」による企業等の数を表示しています。この企業等には，外国の会社は含まれませんが，外国人の経営する会社や外国の資本が経営に参加している会社，つまりいわゆる外資系の会社は含まれています。

　図表6−1からは，有限会社を株式会社に含めて考えると，企業等の総計の9割近くを株式会社が占めていることが読み取れます。

（2）株主の有限責任の原則

　世界で最初の株式会社は，17世紀の東インド会社だと言われています。大航海時代の貿易会社は，無事に貿易品をもって帰国すれば大きな利益を上げることができましたが，

1）　日本生命保険相互会社，明治安田生命保険相互会社，住友生命保険相互会社，富国生命保険相互会社，朝日生命保険相互会社の5社となっています。

嵐での遭難や海賊の襲撃に遭遇すると大きな損害を受けました。そこで貿易を行うために多くの人から出資金を集めて船を出し，帰国すれば出資金に応じて利益を分配したのです。航海プロジェクトを計画した東インド会社は，多くの人から航海のための出資を募ることで，失敗した時の損失を減らすことができました。株式会社は，このように大きな損失を出すというリスクに備えることができます。

　すなわち株式会社は，株主は出資金を限度として責任を負うという株主の**有限責任の原則**という特長をもっています。企業等に占める株式会社の数が圧倒的に多いのは，このような特長があるためだと考えられます。また，持分会社の中では合同会社の割合が高いのですが，合同会社の社員も有限責任です。

（3）株式会社のファイナンス

　株式会社のファイナンスを，「企業サイド」と「投資者サイド」の両サイドから見ていきます。企業サイドのファイナンスでは，株式会社の経営者や財務担当者による事業のための資金調達を考えます。また，投資者サイドのファイナンスでは，投資者から株式会社への投資活動を考えます。

① 企業サイドのファイナンス

　図表6-2を見てください。企業の貸借対照表の右側（貸方）の負債と株主資本は，企業の資金の調達源泉を示しています。負債でのファイナンスには社債発行と銀行などの金融機関からの借り入れがあります。株主資本でのファイナンスは，株式発行による資金調達です。

図表6-2　株式会社のファイナンス

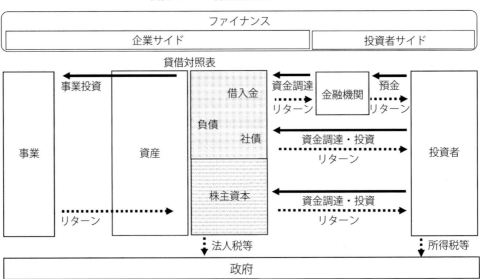

出所；筆者作成

　株式発行や社債発行は証券市場で売買され，企業は投資者から直接資金調達をすることができるので，**直接金融**と呼ばれています。証券市場には株式や債券の**発行市場**と，**流通市場**があります。

　一方，金融機関からの借り入れは，企業は金融機関を仲介して，金融機関にお金を預けている個人投資者などから資金調達をすることになりますので，**間接金融**と呼ばれています。調達されるキャッシュは実線の矢印で示されています。

　投資者から直接，貸借対照表の右側に実線の矢印が来ているのが直接金融で，金融機関を仲介しているのが間接金融です。

　資金調達後のキャッシュの流れを見ましょう。負債や株主資本で資金調達されたキャッシュは，事業のための設備投資に使われ，企業の貸借対照表の左側（借方）の資産を増加させます。

　資産を使って事業を行えば，事業からのリターンが企業に戻ってきます。リターンは破線の矢印で表されています。企業に戻ったリターンから，まず**債権者**へのリターンの支払いを行い，さらに政府に対する法人税等の納税を行います。そして最後に税引後利益を，**株主**へのリターンとして株主に**配当**を分配するか，会社に**内部留保**します。内部留保された利益は，長期的には株価に反映され，株主の利益につながると考えられます。

　企業の経営者や財務担当者は，事業投資を成功させるために，どれぐらい何に投資するのか，どのような方法で資金調達するのか，また投資者にはどれぐらい還元するのかなどの，事業投資や財務に関する意思決定を行わなければなりません。

②　投資者サイドのファイナンス

　続いて「投資者サイドのファイナンス」です。もう一度，図表6−2を見てください。投資者が行う資金の供給は，投資者から出ている3本の実線の矢印で示されています。

　余裕資金を持っている投資者はその資金を金融機関に預け入れることもできますし，社債などの債券を購入することもできます。また，株式会社の新規株式発行の際に出資することもでき，様々な選択肢があり，複数の投資先に投資することもできますが，ある資金について投資先を決定すれば，その資金については他の投資先は選択できませんので，投資者は選択を行わなければなりません。

　また，図上の3本の投資者に向かう破線の矢印は投資者へのリターンを表しています。投資者は，資金を供給する見返りとして，預金や債券の場合には預金利子や債券の利子などのリターンが得られ，株式の場合には，配当などの**インカムゲイン**や株の値上がり益である**キャピタルゲイン**といったリターンを期待できます。なお，このような利子やインカムゲインや実現したキャピタルゲインに対しては個人の投資者には所得税等が課税[2]されていますので，投資者の元には税引後のリターンが入ることになります。また，キャピ

2）配当については既に法人税等を差し引いた後のお金から出されますので，二重課税にならないように，個人の投資者は配当控除として税額控除を受けることができます。

タルゲインは所有している株式が値上がりしただけでは未実現のキャピタルゲインですので，課税されませんが，値上がりした株式を売却すると実現したキャピタルゲインとなって課税されます。

　投資者は余裕資金をどのように運用するのかを，様々な選択肢の中から，**リスクとリターン**を考慮して決定することになります。

　リスクとリターンについて考えましょう。投資のリターンは先ほど見たように，投資への見返りとしての利子や配当などとキャピタルゲインですが，投資のリスクはリターンの不確実性です。例えば国債は，確実に元本が保証され，あらかじめ決められたリターンが得られるのでリスクはゼロです。

　株式への投資は，株式会社の株主は有限責任のため，自分の出資金以上の支払い義務はありませんが，購入した株式の値下がりや，出資先の企業が倒産すれば，出資したキャッシュが全く戻らない可能性もあります。高リターンが期待できる分リスクが高くなります。

　リスクが小さく，リターンが大きい投資が望ましいのですが，そんなに都合よくはいかず，**ハイリスク・ハイリターン**というルールがあります。大きなリターンが見込まれる投資はリスクも大きいということです。

　しかし，ファイナンスの理論を使って，**分散投資**や**先物取引**などの**デリバティブ**（金融派生商品）を使った**リスクヘッジ**を行うなどにより，リスクを軽減させることはできます。分散投資を行う金融商品に**投資信託**があります。専門家が分業して，多数の投資者から資金を募り大きなファンドにし，いろいろな株式，債券を組み合わせた**ポートフォリオ**に分散投資して運用することでリスクの軽減を行い，その運用成果を投資者の投資額に応じて分配しています。

③　ファイナンスの必要性

　企業の経営者や財務担当者が，企業の事業投資や財務に関する意思決定を行うためにはファイナンスの分析がかかせません。また，投資者にとってもファイナンスの理論は投資者がリスクの軽減を図りながら，自分のリスク許容度に応じた望ましい投資を行うために必要です。企業の意思決定においても，また投資者の意思決定においても，ファイナンスは大きな役割を担っています。

（4）株式の評価
①　市場での取引価格

　債券や株式は有価証券です。一定の条件を満たせば，**上場**の手続きを行って，**金融商品取引所**[3]に上場することができ，上場した債券や株式は金融商品取引所において売買す

3）　2006年の金融商品取引法の改正により，証券取引所などの金融商品を取り扱う取引所は金融商品取引所に統一されました。ただし，東京証券取引所などの固有名詞は変更されていません。

ることが可能となります。債券や株式を新たに発行する市場は発行市場と呼ばれ，既に発行された債券や株式を売買する市場は流通市場と呼ばれています。上場有価証券が市場で取引されれば，その取引価格がその時点での時価になります。つまり，金融商品取引所において上場株式の価格が決定され，市場での取引価格が存在すれば，その株式の時価がわかります。

　新たに株式が公開されることを **IPO**（Initial Public Offerings，**新規公開**）といいます。発行市場において IPO や株式発行による資金調達が行われています。上場することは，企業にとっては，企業の資金調達力や社会的信用力が増加するというメリットがあり，投資者にとっても，上場株式であれば流通市場で好きな時に売却できるわけですから，換金性が高まるなどのメリットがあります。

図表6－3　上場会社数（2021 年 8 月 31 日現在）

（上場会社合計　3,888 社）

取引所	合計	うち名古屋・福岡・札幌の単独上場会社数
東京証券取引所	3,785	
名古屋証券取引所	283	62
福岡証券取引所	107	25
札幌証券取引所	58	16

出所：以下より筆者作成
　　　日本取引所グループ　https://www.jpx.co.jp/listing/co/index.html
　　　名古屋証券取引所　https://www.jpx.co.jp/listing/co/index.html
　　　福岡証券取引所　https://www.fse.or.jp/statistics/index.php
　　　札幌証券取引所　https://www.sse.or.jp/listing/list

　日本では 4 つの金融商品取引所に株式を上場することができます。図表6－3は，各金融商品取引所に上場している会社数を表にしたものです。上場会社の合計数は，複数の金融商品取引所に上場している会社を 1 社と数えて合計すると，2021 年 8 月末現在で 3,888 社になります。2021 年 6 月 1 日の株式会社数は 1,188,071 社でしたので，株式が公開され市場で売買される上場会社が株式会社全体に占める割合は 1％にも満たず，ほとんどの株式会社の株式は公開されていません。

② 　経済的価値の評価を行う場合
　未公開の株式会社の株式の場合には，市場における取引価格がないため，売買の際などには株式の評価をする必要があり，簿価を使った純資産方式，配当還元方式，キャッシュ・フローをもとにした収益方式，比較対象となる上場会社をもとにした比準方式など，さまざまな方法により，その会社の経済的価値の評価が行われています。

　上場会社の場合でも，合併，買収などの場合には，当事者間で納得できるように**シナ**

ジー効果などを考慮した経済的価値の評価を行うことがあります。シナジー効果は2つの会社が合わさることにより規模の経済が働き，それぞれが単独の場合よりも大きな経済的価値を生み出すというものです。

また2000年3月期からグループ企業においては連結決算中心の開示になりましたが，子会社や関連会社を一体的に運営する連結経営においても，グループ企業全体の価値を高めることが重要ですので，経済的価値の考え方が不可欠となっています。

コラム COLUMN　**東京証券取引所の再編**

東京証券取引所は，上場会社の持続的な成長と中長期的な企業価値向上を支え，国内外の多様な投資者から高い支持を得られる魅力的な現物市場を提供することを目的として，2022年4月4日に，それまでの市場第一部，市場第二部，JASDAQスタンダード，JASDAQグロース，マザーズの5つの市場から，プライム市場，スタンダード市場，グロース市場の3つの市場区分に再編します。

新市場区分では，各市場区分のコンセプトに応じ，時価総額（流動性）やコーポレート・ガバナンスなどに係る定量的・定性的な基準を設けます。各市場区分の新規上場基準と上場維持基準は，原則として共通化することとし，上場会社は，上場後においても継続して，新規上場基準（の水準）を維持することが必要となります。

出所；日本取引所グループ https://www.jpx.co.jp/

Ⅲ　企業価値

（1）貸借対照表計上額とファイナンスでの企業価値

貸借対照表計上額とファイナンスの視点からの企業価値との違いについて考えてみましょう。

財務諸表は財務面における企業の姿を現しています。**企業価値**は，ある時点での貸借対照表上の資産の合計額，または負債と株主資本の合計額であるとすることができるかもしれません。しかし，貸借対照表上の資産はいわゆる簿価であり，購入時点での価格をもとにしているため，過去の価格です。

ファイナンスでの企業価値の評価は経営や財務の意思決定に役立てるものです。ファイナンスにおいて企業価値を考える視点は，将来に向けた事業計画を考える上での，その時点での会社の経済的価値の評価です。

図表6－4　貸借対照表と企業価値

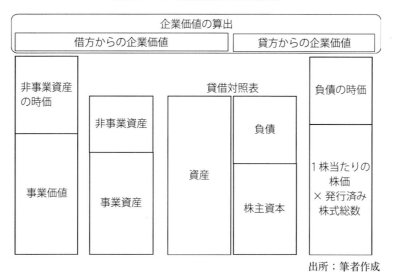

出所；筆者作成

① 貸方からの企業価値

　貸借対照表の右側である貸方の負債と株主資本，それぞれの経済的価値から企業価値を考えてみましょう。ある時点での1株当たりの株価を用いると，企業価値を次のように表すことができます。

> **企業価値＝負債の時価＋1株当たりの株価×発行済み株式総数**

② 借方からの企業価値

　続いて，貸借対照表の左側である借方の資産の経済的価値から企業価値を考えます。企業が持つ資産には事業資産と事業以外の資産があります。事業資産は生産や販売など企業の本来の事業で使用する資産です。また，**事業価値**は事業資産が将来生み出すキャッシュ・フローの現在価値で，事業資産の経済的価値を表しています。事業以外の資産は例えば保養所やゴルフ場の会員権，絵画など事業には直接関係のない資産のことです。事業以外の資産は，将来において売却された時点でキャッシュ・フローとなります。企業価値の計算では，これらの事業以外の資産の価値は時価評価します。従って企業価値は，次の式で表されます。

> **企業価値＝事業価値＋非事業資産の時価**

③ 経済的価値のバランス

　貸借対照表の借方と貸方がバランスするように，借方と貸方のそれぞれから見た経済的

価値もバランスするとすれば，次の式が成立します。

企業価値＝事業価値＋非事業資産の時価

＝負債の時価＋1株当たり株価×発行済み株式総数

　実際にはそれぞれから見た経済的価値は，バランスするとは限りません。また，株価は上場株式であれば市場での取引価格ということになりますが，常に変動しています。

　しかし長期的には，株価はその企業の企業価値に応じた株価に落ち着くと考えると，左右それぞれの経済的価値もバランスすることになります。そのバランスした時の株価を**理論株価**とします。また負債の時価は，簿価と大きく変わらないと考えて簿価を使用すると次の式が得られます。

企業価値＝事業価値＋非事業資産の時価

＝負債の簿価＋理論株価×発行済み株式総数

　この式を理論株価について解くと次のようになります。

理論株価＝（企業価値－負債の簿価）÷発行済み株式総数

　理論株価は，市場株価が割安_{わりやす}なのか，割高_{わりだか}なのかを判断する際の一つの基準になります。例えば，企業価値を計算すると500百万円となり，負債の簿価が300百万円，発行済み株式数が2百万株のとき，理論株価を計算すると（500百万円－300百万円）÷2百万株＝100円です。市場株価が100円未満であれば，市場価格は割安だと考えられ，逆に市場株価が100円を超えていれば割高だと考えられます。

（2）現在価値と DCF 法

　企業価値を計算するには，事業価値の計算が不可欠です。事業価値の評価には現在価値の考え方が用いられています。将来のキャッシュ・フローを現在価値に割引く方法を**DCF 法**（Discount Cash Flow 法）といいます。

　キャッシュ・フロー計算書において間接法を用いる場合には税引後当期純利益に調整を加えて期末のキャッシュ・フローを計算しましたが，事業価値の計算では，事業からのキャッシュ・フローを見積もるために，税引後当期純利益ではなく，税引後の営業利益を使います。このキャッシュ・フローのことを**フリー・キャッシュ・フロー**（Free Cash Flow）といいます。企業は事業プロジェクトの将来の事業計画を立て，将来の各会計期間に事業が将来生み出すフリー・キャッシュ・フローを見積もります。

　将来の各会計期間のフリー・キャッシュ・フローに対して DCF 法を用いて各会計期間の **PV**（Present Value，**現在価値**）を計算し，それらの合計がその事業プロジェクトの PV となります。

　また，企業価値や事業価値を計算する際の割引率には**資本コスト**を使います。資本コストは資金調達において生じるコストで，**負債コスト**と**株主資本コスト**を用いて計算します。

（3）事業価値

　事業価値は，その事業プロジェクトの PV から初期投資額を除いたものです。すなわち，その事業プロジェクトの **NPV** (Net Present Value, 正味現在価値) を計算することになります。

> 事業価値＝その事業プロジェクトの *NPV*
> 　　　　＝その事業プロジェクトの *PV* －初期投資額

（4）企業活動とファイナンス

　ファイナンスは企業活動に欠かせないものですが，企業活動の目的は何でしょうか。

　パブリックファイナンスと表現される政府活動の目的は租税を徴収して国民の幸福度を高めるためであり，一方，プライベートファイナンスである私企業の活動は，利益の追求であるとされます。

　では，私企業は誰のために利益を追求するのでしょうか。株式会社では，株式を取得した株主から構成される株主総会で法的な会社の意思決定が行われます。そのため株主がその株式会社の所有者であるという考え方もできます。しかし，株式会社の経営は経営者や従業員，金融機関などの債権者，地域社会など広い範囲の個人や法人などの**利害関係者**に影響を与えます。

　つまり，企業の目的はその企業の利害関係者が利益を得られるように企業活動を行っていくということになります。しかし，企業の利害関係者が多いため，必ずしも利害が一致するとは限りません。慎重な経営がいいのか，リスクを取ってでも高いリターンを狙う方がいいのか債権者と株主とでは意見が異なるかもしれません。

　企業の株主，経営者，従業員，債権者など企業の利害関係者はさまざまですが，将来のその企業の企業価値が高まることについては，利害関係者の誰もが賛成だと考えられます。そこで，企業価値を高めていくことを考えましょう。

　企業価値の主な構成要素は事業価値（NPV）です。企業価値を高めるためには，経営者はNPVを増加させるような事業を行っていけばいいということになります。

　すなわち，企業が事業プロジェクトを計画するときには，事業のNPVを算出してNPV＞0である事業については事業を行う決定をし，NPV＜0となる場合には事業プロジェクトを見直す決定をします。

> 事業プロジェクト実施条件　NPV＞0

　例えば，ある事業プロジェクトの現在価値は100百万円で，初期投資額が85百万円で

あるとき，NPV を計算すると，現在価値の 100 百万円から初期投資額の 85 百万円を引いて 15 百万円となります。すなわち，NPV ＞ 0 となるので，企業価値を高めることができると判断できるため，この事業は行ってもよいということになります。

※Ⅲ　企業価値に関しては，補論 1 貨幣の時間的価値と補論 2 企業価値評価で詳しく取り上げています。

Ⅳ　ファイナンスに関連する理論

（1）効率的市場仮説

　効率的市場仮説[4] は，市場が効率的であると仮定し，すべての情報が直ちに市場に反映されるとしています。

　専門家が**ファンダメンタル分析**を行って株式の本質的価値を求め，過小評価されている銘柄などを発見して投資しファンドを運用することを**アクティブ運用**といいますが，効率的市場においては，過小評価されている銘柄を発見して保有して儲けようとしても，直ちにその差は修正されてしまいます。

　また，過去の株価の値動きには何らかの規則性があるとしてその規則性を分析することを**テクニカル分析**と呼びますが，効率的市場では株価の値動きは**ランダム・ウォーク**である，つまり全く予測不能であるため，テクニカル分析による株価予測はできないことになります。このように効率的市場においては，将来の株価予測をすることができないため，**ポートフォリオ理論**[5] によって，市場リターンである株価指数に連動するファンドに投資するのが最も効率的であると考えることができます。そして，インデックスファンドに投資する場合のように，市場全体の値動きと同様の投資効果を目指す運用を**パッシブ運用**といいます。

　効率的市場仮説は企業価値の評価の際の前提となっています。企業価値の評価を行う場合には，企業価値の評価の過程で資本コストを計算します。資本コストの計算には，負債コストと株主資本コストを使うのですが，株主資本コストの計算は，効率的市場仮説を前提にしなければ非常に難しいものになります。**CAPM**（Capital Asset Pricing Model, **資本資産評価モデル，読み方はキャップエム**[6]）においては，個別株式のリスクを市場全体のリスクから過去の株価の値動きをもとに計算した**ベータ値**（$\overset{\text{ベータ}}{\beta}$）を使って計算することができ，比較的容易に資本コストを計算することができます。

　効率的市場仮説が実際の市場にどの程度当てはまるのかについては，結論が出ていませ

4）　2013 年にノーベル経済学賞を受賞したファーマは 1960 年代から効率的市場仮説を提唱しています。
5）　1990 年にノーベル経済学賞を受賞したマーコウィッツが提唱しています。
6）　マーコウィッツと同じ 1990 年にノーベル経済学賞を受賞したシャープによって考え出されました。

ん。効率的市場仮説に反する事象を**アノマリー**と呼び，バブル期のような株価の高騰などがあります。

（2）資本政策に関する理論

資本政策は，企業の経営者や財務担当者が，企業の資金調達を考える際に，その資金調達について，株式を発行して行うのか，負債により行うのかの意思決定を行うことです。**MM 理論**，**ペッキング・オーダー理論**，**トレードオフ理論**の3つを紹介します。

①　MM 理論

MM 理論[7]では，税金が存在しない場合には企業の活動資金を負債で調達しても株式を発行して調達しても企業価値は変わらないとしています。企業価値は企業が生み出す将来のキャッシュ・フローを現在価値に割り引いたものですから，将来のキャッシュ・フローが同じなら，活動資金を負債で調達しても株式発行で調達しても同じであるという考え方です。

しかし，実際には企業利益に対して税金が課せられ，負債で調達した場合には，法人税等を計算する際に支払利子は費用になりますので，節税効果を持ち，将来のキャッシュ・フローに影響を与えることになります。

②　ペッキング・オーダー理論

株式会社である企業が企業活動を通じて生み出した利益は企業に内部留保するか株主に対して配当として分配されます。追加の資金の調達には，企業活動で得られた利益を内部留保し，再投資することもできますし，金融機関から借り入れる，社債を発行する，新たな株式を発行するなどの方法も考えられます。

ペッキング・オーダーというのは鳥がエサを食べるときのつつきの順番のことですが，企業の資金調達にも順番があるということでこのように呼ばれています。このペッキング・オーダー理論によれば，まず内部留保された資金を，次に負債，最後に株主資本で調達します。

この理論によると，投資者と経営者の間の情報の非対称性があるため，企業が株式を発行して資金調達を行うと，その会社の財務部門がその会社の株価が株式市場で過大評価されていると考えているという推測につながり，その結果，投資者に対して，その会社の株価が株式市場で過大評価されているというシグナルを送ることになります。そのシグナルを投資者が信じた場合には，株価が下落し会社の価値が過小評価される可能性があります。ペッキング・オーダー理論は，そのような事態になることを極力避けるために，株式

7）MM 理論は 1958 年にモジリアーニとミラーによって考え出されました。

発行による資金調達は最後の手段にするべきだと主張しています。

③　トレードオフ理論

　企業価値を最大にするような負債と株主資本の比率があれば，その比率で資金調達を行えばいいと考えられます。負債での資金調達を増やせば，支払利子による**節税効果**が増加します。しかし，一方で負債を増やすことで財務的柔軟性を失い，景気変動などの影響で一時的に企業業績が悪化した場合には倒産の可能性が高まるかもしれませんし，非常に魅力的な投資案件があっても新たな負債を増やすことが難しい状態になることも考えられます。また負債の債権者と株主との意見の衝突などの**エージェンシーコスト**も増加するかもしれません。こうした**負債増加に伴うコスト**は，節税効果とトレードオフの関係にあります。

　そのため，理論的には，負債増加に伴うコストが節税効果を上回らない範囲で負債割合を増加させることで，最適な負債と資本の比率である「**最適資本構成**」を実現することができるということになります。つまり，「最適資本構成」は，負債比率を1％増加させたときの節税効果による企業価値の増加と負債増加に伴うコストによる企業価値の減少が等しくなるときの負債比率です。

　図表6－5は，企業価値にプラスに働く節税効果とマイナスに働く負債増加に伴うコストが，負債比率の増加に伴い企業価値をどう変化させるのかを表したグラフです。節税効果は負債比率が高くなれば増加し，企業価値を高めます。負債増加に伴うコストは負債比率が一定程度まではあまり企業価値を損ねませんが，一定程度を超えると，会社の意思決定の自由度を奪い，債権者の比率が高まることで債権者と株主の間での摩擦が高まりエージェンシーコストが増えるため，急激に企業価値を減少させます。最適資本構成の負債比率までは企業価値は右上がりですが，最適資本構成を超えると負債増加に伴うコストが増加するため右下がりに転じています。

　トレードオフ理論においては，このように節税効果による企業価値の増加と負債増加に

図表6－5　企業価値と最適資本構成

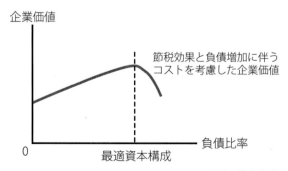

出所：筆者作成

伴うコストによる企業価値の減少の両方の影響を考慮し，最も企業価値が高くなる負債比率が「最適資本構成」となります。

📖 **推薦図書**

・グロービス経営大学院（1999）『[新版] グロービス MBA ファイナンス』ダイヤモンド社。
・田中慎一，保田隆明（2019）『コーポレートファイナンス　戦略と実践』ダイヤモンド社。
・俊野雅司，白須洋子，時岡則夫（2020）『ファイナンス論・入門』有斐閣。

章末問題

1．ファイナンスとは何ですか。企業サイドと投資者サイドの 2 つの側面から述べなさい。

2．投資者が余裕資金を企業に投資する場合にどのような方法があり，またその見返りはどのような形で得られるのかを述べなさい。

3．事業価値が 850 百万円，事業以外の資産の時価評価額が 150 百万円，負債の簿価が 200 百万円，発行済み株式総数が 5 百万株のとき，理論株価を計算しましょう。ただし負債の経済的価値は簿価と同じとします。また，市場価格が 1 株 200 円のとき，市場価格は割安なのか，割高なのかを考えましょう。

4．ある事業プロジェクトの現在価値は 85 百万円で，初期投資額が 100 百万円であるとき，この事業プロジェクトを行ってもよいかどうか考えましょう。

第 **7** 章

原価計算

原価計算とは，企業において生産される製品の原価を計算する手法のことをいいます。本章では，原価計算の目的について説明するとともに，一連の計算プロセスを学修します。

到達目標

①原価計算の目的について説明できる。

②原価計算制度に基づき一連の計算プロセスを説明できる。

③財務会計との関係性を説明できる。

キーワード：財務諸表作成目的，価格決定目的，原価管理目的，予算管理目的，意思決定目的，費目別計算（ひもくべつけいさん），部門別計算，製品別計算，形態別分類（けいたいべつぶんるい），製品との関連による分類

Ⅰ 原価計算とは

　原価計算を理解する上では，まず「原価」がいかなるものか理解する必要があります。原価は，企業が提供する製品やサービスにかかわらせて把握された財貨の消費を貨幣的に表したものと定義できます。例えば，自転車の製造企業であれば，自転車（製品）の製造のために消費された鉄（財貨）の価格（貨幣的）が原価ということになります。

　製品の原価の構成及び販売価格との関係について，図表7−1にまとめています。本章では，製品原価の算定までを順を追って説明していきます。

図表7−1　製品を構成する原価

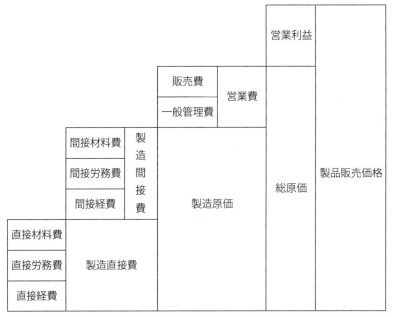

出所：筆者作成

（1）原価計算の目的

　原価計算を行う目的は，**財務会計目的**と**管理会計目的**に大別できます。財務会計目的とは，ディスクロージャー制度において開示される売上原価や棚卸資産の基礎となる製品原価を計算することを指します（**財務諸表作成目的**）。これは，多くの企業において常時継続的に実施されるため，**原価計算制度**と呼ばれています。一方で，管理会計目的で行う原価計算には，**価格決定目的**，**原価管理目的**，**予算管理目的**及び**意思決定目的**の大きく4つが存在します。

　価格決定目的とは，製品の販売価格を決定する目的で原価を計算することを指します。

赤字での販売を避けるため非常に重要な役割といえます。ただし，近年では市場が成熟したこともあり，販売価格は市場において決定される側面が強まっているため，価格決定目的での原価計算の重要性は低下してきているともいえます。次に，原価管理目的とは，製品原価の増加を防ぐ及び削減するために，原価計算を実施するというものです。一般的に原価管理においては，目標値（いくらでできるか）を設定し，それを実際の製造原価と比較，分析することにより改善を図ろうとするものです。販売価格を上昇させることができない状況において，原価管理は非常に重要なものとなるといえます。次に，予算管理目的とは，計画を作成し，計画と実績の比較を行い，必要に応じて改善措置を実施する中で原価計算を利用することを指します。最後に意思決定目的とは，代替案が存在する場合等の経営判断が必要な状況において，「どちらが得か」を判断する目的で原価計算を利用することを指します。

Ⅱ　原価計算の一連の流れ

　原価計算は，製品原価を正確に計算するために，大きく3つの計算段階に分かれています。第一段階として**費目別計算**，第二段階として**部門別計算**，そして最後に**製品別計算**を実施します。

図表7－2　計算段階のイメージ（単位：円）

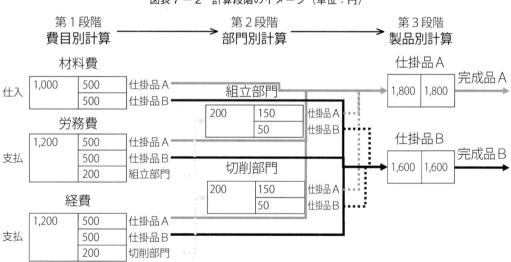

出所：筆者作成

（1）費目別計算

　費目別計算では，まず原価をその発生形態に応じて，**材料費**，**労務費**及び**経費**に分類測定します。この発生形態による分類を**形態別分類**と呼びます。なお，ここでいう材料費，

労務費及び経費は以下のように定義されます。

　　・材料費：**物品の消費**によって生じる原価

　　・労務費：**労働力の消費**によって生じる原価

　　・経　費：材料費及び労務費**以外**に生じる原価

　さらに，材料費，労務費及び経費は，製品との関連において**直接費**と**間接費**に分類します。製品との関連とは，特定の製品を製造するために消費されたことが明確かそうでないかを指します。直接費とは，特定の製品を製造するためだけに消費された原価で製品ごとに直接集計できるものを指します。一方で，間接費とは，複数の製品を製造するために共通して消費された原価であり，個々の製品ごとに直接集計することができない原価のことをいいます。

　以上の二つの分類方法をまとめると図表7－3のようになります。

図表7－3　原価の分類

形態別分類 ＼ 製品との関連における分類	直接費	間接費
材料費	直接材料費	間接材料費
労務費	直接労務費	間接労務費
経　費	直 接 経 費	間 接 経 費

設例7－1　以下の費目を直接材料費，間接材料費，直接労務費，間接労務費，直接経費，間接経費に分類しなさい。

> 主要材料費　工場消耗品費　買入部品費（かいいれぶひんひ）　製品製造のみ行っている工員の賃金
> 工場全体の清掃を行っている工員の賃金　外注加工賃（がいちゅうかこうちん）　工場の水道光熱費
> 工場の減価償却費

《解　答》

　直接材料費：主要材料費　買入部品費

　間接材料費：工場消耗品費

　直接労務費：製品製造のみ行っている工員の賃金

　間接労務費：工場全体の清掃を行っている工員の賃金

　直 接 経 費：外注加工賃

　間 接 経 費：工場の水道光熱費　工場の減価償却費

（2）材料費の分類と計算について

①　材料費の分類

　材料費は，物品の消費によって生じる原価をいい，下記のような費目が存在します。これらの費目は，特定の製品にいくら消費されたかが把握できるかによって，直接材料費と間接材料費に区別されます。

- ・直接材料費

  主要材料費，買入部品費
- ・間接材料費

  補助材料費，工場消耗品費，消耗工具器具備品費

②　材料費の計算

　材料費の計算は，基本的に購入原価の計算と消費額の計算の2つからなります。

購入原価	消費額（材料費）
	月末材料（材料）

　購入原価は，仕入単価に購入数量を乗じて計算されます。ただし，材料の購入に伴って付随的に生じる費用があれば購入原価に加算します。例えば，仕入運賃や購入手数料などが挙げられます。

$$購入原価＝仕入単価×購入数量＋仕入諸掛り$$

　次に購入原価のうち，製品を製造するために消費された部分（材料消費額）を計算する必要があります。材料消費額は，消費価格に消費数量を乗じて計算されます。それぞれの計算方法には，以下のものがあります。

- ・消費価格の計算方法：先入先出法，移動平均法，総平均法
- ・消費数量の計算方法：継続記録法，棚卸計算法

> ### コラム COLUMN　消費価格および消費数量の計算方法
>
> 　消費価格と消費数量の計算方法には，以下のようなものが存在します。
>
> | 消費価格の計算方法 | 説　明 |
> |---|---|
> | 先入先出法 | 先に仕入れた材料から順に消費すると仮定して消費価格を計算する方法です。 |
> | 移動平均法 | 材料を消費する都度その時点での平均価格を計算する方法です。 |
> | 総 平 均 法 | 原価計算期間中に仕入れた材料の仕入価格の総額から平均価格を計算する方法です。 |
>
> | 消費数量の計算方法 | 説　明 |
> |---|---|
> | 継続記録法 | 継続的に材料の受け入れや払い出しを帳簿に記録し消費数量および在庫数量を計算する方法です。 |
> | 棚卸計算法 | 一定時点で実地棚卸を行い在庫数量および消費数量を把握する方法です。 |

> 設例７－２　当社は１kgあたり500円の材料を1,000kg購入し，購入手数料（仕入諸掛り）10,000円とともに支払いました。このうち900kgについて，製品を製造するために使用しました。
>
> 　材料費として計算される金額はいくらになるか答えなさい。

《解　答》

　459,000 円

　購入代価の計算：500 円 × 1,000kg ＋ 10,000 円 = 510,000 円

　消費額の計算：510,000 円 ÷ 1,000kg × 900kg = 459,000 円

（3）労務費の分類と計算について

① 労務費の分類

　労務費は，労働力の消費によって生じる原価をいい，下記のような費目が存在します。これらの費目は，特定の製品にいくら消費されたかが把握できるかによって，直接労務費と間接労務費に区別されます。

　・直接労務費

　　直接作業賃金

　・間接労務費

　　間接作業賃金，手待賃金，間接工賃金，給与，諸手当，従業員賞与，退職給付費用，法定福利費

②　労務費の計算

　労務費の計算は，大きく分けて直接工賃金の計算と間接工賃金の計算からなります。

　直接工賃金については，直接工が行った作業が特定の製品に関するものかどうかによって，直接労務費と間接労務費に分類する必要があります。そのため，直接工賃金は，賃率に作業時間（直接作業時間と間接作業時間）を乗じて計算します。例えば，時給1,000円の作業員が10時間（直接作業7時間，間接作業3時間）作業した場合には，次のように計算されます。

$$直接労務費：1,000円 \times 7時間 = 7,000円$$
$$間接労務費：1,000円 \times 3時間 = 3,000円$$

　次に間接工賃金ですが，間接工は工場の修繕や清掃など，特定の製品に関連して作業を実施している訳ではないため，すべて間接労務費となります。そのため，間接工賃金については，原価計算期間に対応する要支給額が間接労務費となります。

$$要支給額 = 当月支払高 - 前月未払高 + 当月未払高$$

　なお，その他の工場勤務の管理者や事務職員の給与についても，特定の製品との関連がないため，間接工賃金と同様の計算を行うことになります。

（3）経費の計算について

①　経費の分類

　経費は，材料費及び労務費以外に生じる原価をいい，下記のような費目が存在します。これらの費目は，特定の製品にいくら消費されたかが把握できるかによって，直接経費と間接経費に区別されます。

・直接経費

　外注加工費，特許権使用料，特殊機械の賃借料

・間接経費

　福利施設負担額，厚生費，減価償却費，賃借料，保険料，修繕費，電力料，ガス代，水道料，租税公課（そぜいこうか），旅費交通費，通信費，保管料，棚卸減耗費，雑費

②　経費の計算

　経費は原則として，原価計算期間の実際の発生額をもって計算します。経費はその把握方法に着目すると以下の4つに分類することができます。

・支払経費

　支払伝票や請求書等に記載されている支払額または請求額に基づいて，実際発生額を把握します。（例：外注加工費，特許権使用料，修繕費）

・月割経費（つきわり）

原価計算期間の実際発生額を月割りで計算します。（例：減価償却費，賃借料，保険料）

・測定経費

原価計算期間の消費量をメーターで測定し，これに一定の単価を乗じて実際発生額を把握します。（例：電力料，ガス代，水道料）

・発生経費

原価計算期間に発生した事象を根拠として実際発生額を把握します。（例：棚卸減耗費）

（4）製造間接費と部門別計算

費目別計算の結果，直接費に分類された項目（直接材料費，直接労務費，直接経費）については，特定の製品の製造のためにいくら消費したかを把握できるため，把握した消費量に応じて各製品に割当てることができます。この直接費の製品への割当てのことを**賦課（ふか）**といいます。一方で，間接材料費，間接労務費及び間接経費（これらをまとめて**製造間接費**と呼びます）については，特定の製品の製造と直接結びつけることができないため，一定の基準で配分する必要があります。この配分のことを**配賦（はいふ）**といいます。ここでは，製造間接費の配賦について考えていきましょう。

製造間接費の配賦方法には，**総括配賦法（そうかつはいふほう）**と**部門別配賦法（ぶもんべつはいふほう）**の2つの方法があります。総括配賦法とは，製造間接費を一括して単一の配賦基準で製品に配賦する方法です。

次に，部門別配賦法とは，製造間接費を部門ごとに集計し，各部門ごとに配賦基準を設定し製品への配賦計算を行う方法です。通常は製品の製造部門は複数あると考えられるため，部門別配賦法の方が正確な配賦計算が行えます。例えば，下記の状況で考えてみましょう。

【工場の概要（7月のデータ）】

・自転車の製造工場

・製造部門：組立部門，塗装部門

・組立部門：機械による組立作業が行われています。

・塗装部門：職人による塗装作業が行われています。

・製造間接費：15,000円（組立部門：7,500円，塗装部門：7,500円）

・A自転車の製造時間

　機械作業時間：10時間　手作業時間：5時間

・B自転車の製造時間

　機械作業時間：5時間　手作業時間：10時間

上記の自転車工場で総括配賦法（機械作業時間基準）を適用して，各製品への配賦計算を実施した場合には，A自転車には10,000円（15,000円÷（10時間＋5時間）×10時間），B自

転車には5,000円（15,000円÷（10時間＋5時間）×5時間）が配賦されます。一方で，部門別配賦法を適用した場合には，以下のようになります。

・組立部門費：7,500円

　配賦率：7,500円÷（10時間＋5時間）＝@500円

　　A自転車：@500×10時間＝5,000円

　　B自転車：@500×5時間＝2,500円

・塗装部門費：7,500円

　配賦率：7,500円÷（10時間＋5時間）＝@500円

　　A自転車：@500×5時間＝2,500円

　　B自転車：@500×10時間＝5,000円

・合計

　　A自転車：7,500円　　B自転車：7,500円

　部門別配賦法は，各部門ごとに製造間接費の発生と関連する配賦基準を用いるため，一括して配賦を行う総括配賦法より正確な配賦計算を行うことができます。上記の例で総括配賦法を使用した場合には，塗装部門費の配賦が不正確になってしまうことがわかります。

　ここまでで，すべての原価が特定の製品に関連付けられたことになります。

（5）製品別計算

　製品別計算とは，原価計算の最後の計算段階であり，製品単位原価を計算することを目的とする計算段階です。つまり，製品1単位がいくらで製造できたかの計算です。

　製品別計算の形態は，個別原価計算と総合原価計算に大別されます。個別原価計算は，製造指図書番号ごとに原価を集計する方法であるのに対し，総合原価計算は，期間生産量に原価を集計し，単位原価を計算する方法です。一般的に受注生産を行っている場合には，個別原価計算が適しており，特定の製品を連続生産している場合には総合原価計算が適しています。

① 個別原価計算について

　受注生産のように製品ごとの特性が大きく異なる場合には，個々の製品ごとに材料の種類や製造に要する作業時間も大きく異なると想定されます。このような場合には，製造する個々の製品ごとに原価を計算しないと正確な計算を行うことができない可能性が高いといえます。そこで個別原価計算においては，原価計算表と製造指図書（せいぞうさしずしょ）を用いて個別の製品ごとに原価を集計します。具体的には以下の手順で計算を行います。

1．製造直接費を製造指図書番号ごとに賦課し，原価計算表に記入する。
2．製造間接費を製造指図書番号ごとに配賦し，原価計算表に記入する。

3．原価計算期間末に原価計算表に記載された製造直接費と製造間接費を，製造指図書番
　　号別に完成品と仕掛品に分類する。

図表7－4　原価計算表

個別原価計算表

製造指図書No.＿＿＿＿＿＿＿＿　　製造仕様書No.＿＿＿＿＿＿＿＿
着　手　日　　　　年　　月　　日　　製　品　名　＿＿＿＿＿＿＿＿
完　成　日　　　　年　　月　　日　　製造数量　＿＿＿＿＿＿＿＿

直接材料費	直接労務費	直接経費	製造間接費	集　　計	
				摘　要	金　額
日　　付	日　　付	日　　付	日　　付		
伝票番号	伝票番号	伝票番号	配賦表番号	直接材料費	
品　　名	職　　種	費　　用	配賦基準量	直接労務費	
数　　量	時　　間	金　　額	配賦率	直接経費	
単　　価	賃　　率	など	金　　額	製造間接費	
金　　額	金　　額		など	製造原価	
など	など			完成数量	
合　　計	合　　計	合　　計	合　　計	製品単価	

図表7－5　製造指図書

指図書No.＿＿＿＿＿＿＿

特定製造指図書 令和○年○月○日			
	発　行　者		
注文書No.	発令日付	令和○年○月○日	
受　注　先	完　成　日	令和○年○月○日	
納入期限	引渡場所		
品名・規格		数　　量	
備　　考			

② 　総合原価計算について

　同種の製品を連続生産しており，製品が標準化されている場合には，原価計算期間に対
応する製造原価を計算し，それを完成品と月末仕掛品（しかかりひん）に按分することで正確な製品原価
を計算できると考えられます。総合原価計算の計算は以下の手順で行います。

1．投入した材料費を完成品と月末仕掛品の数量の比で按分する。
2．投入した加工費（材料費以外）を完成品と月末仕掛品の**完成品換算量**（かんせいひんかんさんりょう）の比で按分する。

　完成品換算量とは，仕掛品を完成品だと捉えた場合の数量のことを指します。例えば，

自転車の塗装作業で考えてみましょう。半分だけ塗装された自転車が存在したとしましょう。この自転車は半分しか塗装が進んでいないため，完成品だと捉えた場合には数量は0.5ということになります。当然，負担すべき加工費も半分となります。なお，この仕掛品の完成度合のことを**加工進捗度**(かこうしんちょくど)と呼びます。

図表7－6　総合原価計算の計算イメージ

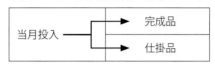

📖 推薦図書

・岡本清（2000）『原価計算（6訂版）』国元書房。
・清水孝（2017）『原価計算（改訂版）』税務経理協会。
・廣本敏郎，挽文子（2015）『原価計算論（第3版）』中央経済社。

|章末問題|

1．個別原価計算

　当社は，オーダーメイドの家具の製造を行っており，実際個別原価計算を採用しています。当月における原価計算表を完成させなさい。

　　【資料】

　　1．月初仕掛品

　　　No100　110,000円

　　2．当月の直接材料費

　　　No100　30,000円

　　　No200　100,000円

　　3．当月の直接労務費

　　　No100　40,000円

　　　No200　60,000円

　　4．当月の製造間接費

　　　100,000円（直接労務費の発生額を基準に配布する）

　　5．当月末時点で，No100は完成し，No200は未完成です。

原価計算表

費　目	No100	No200	合　計
月初仕掛品			
直接材料費			
直接労務費			
製造間接費			
合　計			
備　考			

2．総合原価計算

当社は，ボールペンを大量生産しており，実際総合原価計算を採用しています。次の資料にもとづいて，①月末仕掛品原価，②完成品総合原価，③完成品単位原価を計算しなさい。

【資料】

1．生産データ

当 月 投 入　500個

月末仕掛品　50個（40%）

完 成 品　450個

※材料はすべて工程に始点で投入しています。（　）内は加工進捗度を示しています。

2．当月原価データ

直接材料費　100,000円

加 工 費　94,000円

合 　　計　194,000円

第 **8** 章

管理会計
―損益分岐点分析と 業務的意思決定―

　企業は目標の達成に向けて，様々な計画を策定（さくてい）します。本章では，特に短期利益計画に焦点をあて，その計画の策定に役立つ損益分岐点（えきぶんきてん）分析について学修します。また，計画の達成に向けて日々行われる意思決定についても学修していきます。

到達目標

①固定費と変動費の違いについて説明できる。

②損益分岐点分析（CVP 分析）を実施できる。

③業務的意思決定について説明できる。

キーワード：短期利益計画，損益分岐点分析（CVP 分析），
　　　　　　原価態様（たいよう），変動費，固定費，損益分岐点売上高（そんえきぶんきてん），
　　　　　　意思決定，制約条件，埋没原価（まいぼつげんか），関連原価

Ⅰ 管理会計とは

　管理会計は，財務会計と並び企業会計を構成する会計システムです。財務会計は，企業外部の利害関係者に情報を提供することを主たる目的としていました。一方で，管理会計の目的は，企業内部の経営管理者の意思決定に役立つ情報の提供にあります。財務会計と管理会計の主な違いを比較すると図表8-1のようになります。

図表8-1　財務会計と管理会計

	財務会計	管理会計
目　　　　的	外部報告目的	内部報告目的
情報の利用者	企業外部の利害関係者	企業内部の経営管理者
情 報 の 形 式	決まっている（財務諸表）	決まっていない
法 的 規 制	会社法，金融商品取引法 など	なし

出所；筆者作成

　企業の経営管理活動は，計画の立案に始まり，この計画の達成に向けて各種業務の統制を行うという大きく2つのプロセスに分かれます。ここでは，企業が立案する計画のうち，**短期利益計画**及びその立案に役立つ**損益分岐点分析**（以下，**CVP分析**（Cost Volume Profit Analysis）といいます）について学修していきます。

Ⅱ 短期利益計画について

　企業は経営計画を立案し，その達成に向けて日々活動しています。経営計画の立案は，数年先を見通した**中期経営計画**などの策定から始まります。この中期経営計画は，企業が活動する上での方向性を示すものであり，非常に重要なものとなります。短期利益計画は，この中期経営計画に基づき毎期策定される利益計画のことです。

　上記の流れで策定される短期利益計画では，目標利益の金額を決定することが必要になります。ここで，利用されるのがCVP分析になります。それでは，CVP分析の内容について見ていきましょう。

Ⅲ CVP分析とは

　CVP分析とは，**原価（Cost）**，**営業量（Volume）**，**利益（Profit）**の関係を分析する手法のことです。具体的には，営業量が変化した際に，それに応じて利益がどのように変化する

のかを分析します。

　原価については，第7章の原価計算でも取り扱いました。第7章では，企業が製造する製品1単位あたりの原価を正確に計算するという目的の下，原価をその発生形態に応じて，材料費，労務費及び経費に分類（形態別分類）し，それをさらに直接費と間接費に分類（製品との関連による分類）しました。一方で，本章で扱う CVP 分析では，原価を**変動費**と**固定費**に分類します。この分類が必要になる理由については，変動費と固定費の性格を理解すると見えてきます。まず，それぞれの内容について確認しましょう。

　変動費と固定費の分類については，操業度や営業量が変化したときに当該原価がどのような動きを示すかという**原価態様**（コストビヘイビアという場合もあります）に着目した分類になります（図表8-2参照）。この分類により，操業度や営業量の増加に比例して増加するような費用を変動費と呼びます。一方で，操業度や営業量の変化とは無関係に一定額が発生するものを固定費と呼びます。ただし，すべての原価が変動費と固定費の原価態様に

図表8-2　原価の種類

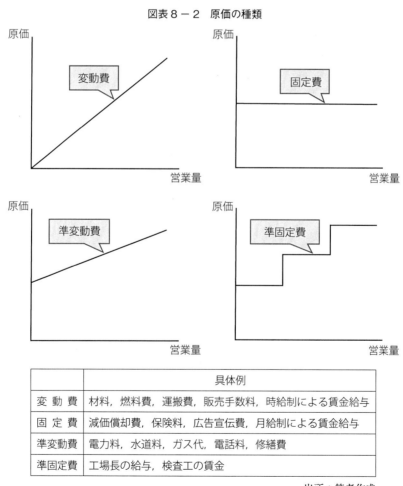

	具体例
変 動 費	材料，燃料費，運搬費，販売手数料，時給制による賃金給与
固 定 費	減価償却費，保険料，広告宣伝費，月給制による賃金給与
準変動費	電力料，水道料，ガス代，電話料，修繕費
準固定費	工場長の給与，検査工の賃金

出所：筆者作成

完全に合致するとは限らないという点に留意する必要があります。例えば，営業量がゼロの時に一定額が発生し，営業量の増加とともに比例的に増大する**準変動費**や，ある一定の営業量の範囲では固定的であるが，その範囲を超えると飛躍的に増加するような**準固定費**なども存在します。これらの原価については，合理的な方法で変動費と固定費に分解することになります。これを**固変分解**といいます。

　では，なぜCVP分析を実施する上で原価を変動費と固定費に分解する必要があるか考えてみましょう。CVP分析は前述したように，営業量が変化した際に，それに応じて利益がどのように変化するかを分析する手法です。確認すべきは，利益の基本的な計算方法です。利益は以下のように計算されます。

$$利益＝売上高－変動費－固定費$$

　ここでポイントとなるのは，売上高及び変動費については営業量と比例して増加するということです。一方で，固定費については，営業量に関わらず一定額が発生するという点です。つまり，原価を変動費と固定費に分解しないと営業量と利益の関係性を分析することができないのです。では具体例を使って考えてみましょう。

設例8－1　当社の販売する製品の販売価格及び原価に関する情報は以下の通りです。この情報をもとに製品を500個販売した場合の利益の額を答えなさい。

【販売価格・原価に関する情報】

製品1個あたりの売上高：@1,000円

製品1個あたりの変動費：@500円

固定費：100,000円

　販売量が変化して変動する項目は「売上高」と「変動費」になります。そのため，販売量が500個である場合には，売上高が500,000円（1,000円×500個），変動費が250,000円（500円×500個）となります。また，売上高から変動費を差し引いた利益は250,000円（500,000円－250,000円）になります。この売上高から変動費を差し引いた利益のことを**貢献利益**（または**限界利益**）と呼びます。計算結果からもわかるように，貢献利益については営業量の変動に応じて変化する利益となります。続いて，貢献利益から営業量とは無関係に発生する固定費を差し引いて最終的な営業利益を計算します。上記の設例では，250,000円（貢献利益）から100,000円（固定費）を差し引いた150,000円が営業利益ということになります。このように原価を固定費と変動費に分解することで，利益の予測を行うことが可能となります。では，より実践的な例を使って営業量と利益の関係性をさらに分析してみましょう。

設例8－2　当社の販売する製品の販売価格及び原価に関する情報は以下の通りです。この情報をもとに営業利益が0（ゼロ）になる販売量を計算してみましょう。
【販売価格・原価に関する情報】
製品1個あたりの売上高：@1,000円
製品1個あたりの変動費：@500円
固定費：100,000円

　営業利益は，貢献利益（売上高－変動費）から固定費を差し引いて計算します。これを踏まえて営業利益が0となる販売量を計算するには，販売量をXとして次のような式を立てることで計算が可能となります。

$$(1,000 - 500) X - 100,000 = 0$$

上記の式を解くと，以下のようになります。

$$500X - 100,000 = 0$$
$$500X = 100,000$$
$$X = 200$$

　つまり，200個の製品を販売すると営業利益が0となることがわかります。このような，営業利益が0となる点を**損益分岐点**といいます。また，この時の売上高（200個×1,000円＝200,000円）のことを**損益分岐点売上高**といいます。この損益分岐点売上高における販売量は，赤字を避けるために販売しなければならない最低限の量を示すため，企業にとって非常に重要な情報となります。

　ここまでで，CVP分析を利用することによって，損益分岐点売上高を算定できることがわかりました。次は目標利益を実現するための販売量の計算を行ってみましょう。

設例8－3　当社の販売する製品の販売価格及び原価に関する情報は以下の通りです。また，当社の目標利益は300,000円です。この目標を達成するために必要な販売量を計算しなさい。
【販売価格・原価に関する情報】
製品1個あたりの売上高：@1,000円
製品1個あたりの変動費：@500円
固定費：100,000円

先ほど営業利益が0になる販売量を計算する際には，以下の式を使用しました。

$$(1,000 - 500) X - 100,000 = 0$$

これは，営業（目標）利益が0の場合です。つまり，上記の式を目標利益300,000円として計算すると目標利益を実現できる販売量を計算することができます。

$$(1,000 - 500) X - 100,000 = 300,000$$

上記の式を解くと，以下のようになります。

$$500X - 100,000 = 300,000$$
$$500X = 400,000$$
$$X = 800$$

つまり，目標利益を達成するためには製品を800個販売する必要があることが計算できます。

営業量と利益の関係性を分析することで「目標利益を達成するために必要な販売量」や「販売量を変動させると利益がどの程度変動するか」などを数値として把握することができます。このことから，CVP分析は短期利益計画の策定を支援します。

Ⅳ 意思決定について

企業は利益計画の策定またはその達成のために，様々な選択を行っていきます。ここでは，このような企業において行われる意思決定における管理会計の役立ちについて学修していきます。

一般的に企業が行う意思決定は，**構造的意思決定**（戦略的意思決定という場合もあります）と**業務的意思決定**の二つに大別されます。構造的意思決定は，工場の新設や生産設備の取り替えなどの経営の基本的な構造の変革を意図した戦略的な意思決定のことをいいます。一方で，業務的意思決定は，「追加受注を引き受けるか」や「部品を購入するか自社で製造するか」などの現状の経営の基本的な構造を前提に日々行われる意思決定のことをいいます。ここでは，企業が行う意思決定のうち，業務的意思決定について学修していきます。

（1）業務的意思決定（追加注文を引き受けるか）
以下のような申し出があった場合に皆さんは注文を引き受けますか，考えてみましょう。

設例8−4　製品Aを製造するA社は，得意先から製品1,000個の追加注文の問い合わせを
　　　　　受けました。A社の工場では，年間10,000個の製品の製造が可能で，現在は
　　　　　8,000個（上記の問い合わせを含まない）の製造を行っています。以下の製品Aに
　　　　　関する情報を踏まえて，追加注文を引き受けるか判断してください。
　　　　　【製品Aに関する情報】
　　　　　製品1個あたりの売上高：@1,000円
　　　　　製品1個あたりの変動費：@500円
　　　　　固定費：100,000円

　上記の設例を使用し，どのように意思決定するのか見ていきましょう。まず，追加注文
があった1,000個の製造が可能であるかを検討する必要があります。A社には年間10,000
個の製品を製造できる能力があります。この点，現状の製造個数は8,000個であることか
ら，残り2,000個の製造が可能であるということがわかります。そのため，A社は既存の
生産に影響を与えることなく追加注文を引き受けることが可能です。意思決定の際にはこ
のような制約条件の検討を行うことが重要になります。
　次に，追加注文を引き受けると利益がどのように変化するか検討する必要があります。
この判断において重要になるのが固定費と変動費です。固定費については，営業量とは
無関係に一定額発生する費用ですので，この追加注文を引き受けても引き受けなくても
100,000円発生することになります。つまり，追加注文を受けるかどうかの判断には影響
を与えない項目となります。このような費用を埋没原価といいます。これを踏まえて，追
加注文を引き受けた場合に，追加で発生する項目を見ていきましょう。1,000個の追加
注文を引き受けた場合には，追加で売上高が1,000,000円（1,000円×1,000個），変動費が
500,000円（500円×1,000個）発生することになります。つまり，追加注文を引き受けるこ
とで利益が500,000円（1,000,000円 − 500,000円）発生します。このことから，A社は追加
注文を引き受けるべきという判断ができます。

（2）業務的意思決定（自社製造か外注か）

　以下のような状況で皆さんはどのような判断をしますか，考えてみましょう。

設例8−5　A社は，製品の製造に必要となる部品1万個を自社工場で製造し，利用しています。現在，この部品について外部に製造を依頼しようか検討しています。なお，自社工場で製造した場合と外注した場合の部品単価等の情報は以下の通りです。

【自社工場で製造した場合】

部品の製造単価：@1,000円

【外注した場合】

部品の購入単価：@1,100円

外注に切り替えることにより，製造設備に関する固定費1,200,000円が削減できる。

　上記の設例のような2つの案を比較する場合の基本は，「どちらが得か」という視点です。これを踏まえて2つの案の比較を行ってみましょう。「自社工場で製造した場合」と「外注した場合」の製造単価等をまとめると以下のようになります。

	自社工場で製造した場合	外注した場合
製造コスト（@1,000円）	1,000万円	―
購入コスト（@1,100円）	―	1,100万円
固定費削減分	―	△120万円
合計	1,000万円	980万円

　自社工場で製造した場合の製造原価と外注した場合の購入原価のみの比較では，自社工場で製造した場合の方が有利と判断できます。しかし，注意が必要なのは外注した場合の固定費の削減額です。設例8−5の固定費の削減額は，外注した場合にのみ削減可能となる費用です。つまり，今回の意思決定に際して考慮する必要があります。このような，いずれかの案を実行した場合にのみ発生する原価を**関連原価**といいます。

　以上を踏まえて，自社工場で製造した場合と外注した場合を比較すると外注した場合の方が20万円有利（980万円＜1,000万円）ということになります。このことから，部品は外注すべきという判断を行えます。

📖 推薦図書

・加登豊，李健（2022）『ライブラリケースブック会計学 ケースブックコストマネジメント（第3版）』新世社。
・櫻井通晴（2019）『管理会計（第七版）』同文館出版。

章末問題

1. 当社の販売する製品の販売価格及び原価に関する情報は以下の通りです。そこで，損益分岐点売上高を計算しなさい。

   【販売価格・原価に関する情報】

   製品1個あたりの売上高：@1,500円

   製品1個あたりの変動費：@700円

   固定費：1,200,000円

2. 製品Aを製造する当社は，得意先から製品1,500個の追加注文の問い合わせを受けました。当社の工場は，年間10,000個の製品の製造が可能で，現在は8,500個（上記の問い合わせを含まない）の製造を行っています。以下の製品Aに関する情報を踏まえて，追加注文を引き受けるか判断してください。

   【製品Aに関する情報】

   製品1個あたりの売上高：@1,000円

   製品1個あたりの変動費：@800円

   固定費：100,000円（下記を含まない）

   作業員が不足しており，追加受注を受ける場合には人件費が追加で320,000円生じることになります。

3. 当社は，製品の製造に必要となる部品2万個を自社工場で製造し，利用しています。現在，この部品について外部に製造を依頼しようか検討しています。なお，自社工場で製造した場合と外注した場合の部品単価等の情報は以下の通りです。

   【自社工場で製造した場合】

   部品の製造単価：@1,300円

   【外注した場合】

   部品の購入単価：@1,450円

   外注に切り替えることにより，製造設備に関する固定費2,900,000円が削減できます。

第 **9** 章

財務諸表分析の基礎

財務諸表分析とは，財務諸表の利用において，比較のために指標を計算し，基準値や平均値との対比，期間的推移から，企業経営の状況変化についてさまざまな判断を行うことをいいます。本章においてまず，それらの基礎について学び，具体的な分析は第10章で説明します。

到達目標

①財務諸表分析の必要性について説明することができる。
②定量情報と定性情報の違いについて説明することができる。
③対前年度比率，伸び率を計算し，企業の成長性について判断することができる。

キーワード：定量情報，定性情報（ていせいじょうほう），単表分析，複表分析，成長性，
　　　　　伸び率，趨勢分析（すうせいぶんせき），対前年度比率，伸び率，増減率，
　　　　　複利

Ⅰ 財務諸表分析について

（1）財務諸表分析の必要性

　なぜ財務諸表を分析する必要があるのでしょうか。財務諸表の利用者は財務諸表情報から，何らかの意思決定をします。財務諸表を分析することは，その意思決定を助けるものとなるのです。

① 客観性を与える

　ある企業を評価する時，「あの会社はよく CM も流れているしいい会社だ」というように，いわゆるイメージだけで判断することは，間違った意思決定をしてしまう可能性があり，非常に危険です。ですので，客観的な財務データに裏付けられた財務分析を通じて，意思決定を行う必要があるのです。

② 不確実性を減らす

　財務諸表利用者は，企業の将来について意思決定をすることがほとんどです。そこにはもちろんのこと，不確実性が存在します。企業や企業を取り巻く経済状況等，完璧に予測することができる人はいないでしょう。ですので，その不確実性をできる限り減らし，財務諸表利用者にとってより適切な意思決定の助けとなるものが，財務諸表分析なのです。

（2）財務諸表利用者の分析視点

　財務諸表利用者は非常に多く，多様です。例えば，株主を考えてみましょう。株主といえば，投資のために財務諸表の分析を行いますが，株主全員が同じ視点から分析をしているわけではありません。株主の中には，十分に財務諸表を読むことができる人もいれば，全く読みこなすことができない人もいるでしょう。また，短期間に積極的に何度も売買を行う人もいれば，一つの株式を長期間保有している株主もいるでしょう。

　その他の財務諸表利用者である債権者や経営者，ライバル企業等，それぞれが異なる目的を持って財務諸表を見るのです。問題意識なく財務諸表を分析することはできません。財務諸表利用者ごとに視点が異なるということを知っておいてください。

（3）財務諸表分析と企業行動の関係

　企業は，経済状況，競争環境，自社の強み弱みなどを検討して，経営戦略を立てます。そしてそれに従って企業は行動し，その成果という形で出来上がるものが財務諸表です。従って，財務諸表を分析する際，企業の行動の成果が財務諸表であるということを理解しておくことが重要です。つまり，どのような経営戦略を行ったから，このような成果にな

ったのか，またその逆に，この成果はどのような企業の行動が原因となっているか，という原因を分析するのが財務諸表分析の本質です。

　このような原因分析をすることではじめて本章で扱う成長性分析や，第10章で扱う収益性分析，安全性分析といった将来予測ができるようになるのです。つまり，財務諸表分析をする際に，分析を単なる数値や比率の計算とするのではなく，その数値や比率の後ろに隠れている企業の行動をしっかりと把握し，両者のつながりを意識する姿勢が重要であるということです。

Ⅱ　定量情報と定性情報について

　財務諸表の分析において扱う企業情報には，**定量情報**と**定性情報**の2つがあります。

図表9-1　定量情報と定性情報

	定量情報	定性情報
例	財 務 諸 表 販 売 数 量 販売シェア 株　　価	業界での地位 経営者の資質 技　術　力 従業員の質

　定量情報は数値で表すことができる量的情報であり，定性情報は数値で表すことが難しい質的情報を指します。このうち，財務諸表分析の主な対象となるのは定量情報であり，財務諸表は企業状況を判断するために非常に重要な情報であるといえます。

　企業を分析するにあたっては，できるだけ詳しく対象企業について知っておく必要があるため，公表された定量情報だけではなく，定性情報も併せて入手することが重要です。

Ⅲ　基本の分析

　財務諸表分析は，各種の機関が公表している業種別，産業別指標などを基準値とした**標準指標**との比較，他社の財務諸表を分析した数値を基準とした**他社指標**との比較，1つの企業を数期間にわたって比較する**時系列**比較などにより行いますが，これら各種の比較方法を組み合わせて分析することが重要です。

　また，分析対象に応じて，**単表分析**と**複表分析**とに区分されます。単表分析とは，財務諸表のうち，一つの計算書，なおかつ単一期間の計算書を分析対象とする方法をいいます。例えば，単一年度の貸借対照表の分析は，単表分析に該当します。一方，複表分析とは，複数の計算書の数値を組み合わせて分析する方法をいい，さらに複数期間の計算書の数値

を合わせて分析する**複期分析**と単一期間の複数の計算書の数値を組み合わせて分析する**単期分析**とに区分できます。

Ⅳ 成長性・伸び率の分析

　成長性や**伸び率**の分析は，複表分析における最も基礎的なものとなります。これらは，**趨勢分析**ともよばれます。現在の市場は競争が厳しく，企業が競争優位を持続することは簡単なことではありません。しかし，企業は絶えず成長を目指しています。ですので，分析対象企業の成長性を知ることは，とても意味のあることです。

　ここからは実際に図表9－2の数字を用いて学びましょう。図表9－2は第10章でも使用します。

（1）対前年度比率

　対前年度比率は，分析対象年度の数値を前年度の数値で割ることで求められます。

$$対前年度比率 = \frac{分析対象年度の金額}{分析対象年度の前年度の金額} \times 100 （\%）$$

　図表9－2を見てください。分析対象年度を当期とし，売上高について分析する場合，（A社当期の売上高920,000百万÷A社前期の売上高162,000百万円）× 100 = 567.9％となります。また，資産合計について分析する場合，A社当期の資産合計923,800百万円÷A社前期の資産合計956,400百万円× 100 = 96.6％となります。

　売上高は伸びていますが，資産合計は減少していることから，A社の営業規模は大きくなったものの，投資規模は縮小しているとみることができます。

コラム
COLUMN　**損益計算書項目の分析でよく出てくる言葉**

　損益計算書項目の分析では，**増収増益，増収減益，減収増益，減収減益**という言葉が使われます。増収とは売上高の増加，増益とは利益の増加をいい，減収減益はそれぞれの減少をいいます。覚えておきましょう。

（2）伸び率

　伸び率は対前年度伸び率ともいい，分析対象年度の数値から前年度の数値を差し引いた金額を前年度の金額で割ることで求められます。

図表9−2　企業A社の財務諸表

貸借対照表

A社　　　　　　　　　　　　　　　　　　　　　　　　　　　（単位：百万円）

資産の部	前期 (20×1年3月31日)	当期 (20×2年3月31日)	負債の部	前期 (20×1年3月31日)	当期 (20×2年3月31日)
流動資産	411,400	373,800	流動負債	350,000	301,000
固定資産			固定負債	126,400	137,000
有形固定資産	98,000	99,000	負債合計	476,400	438,000
無形固定資産	30,000	31,000	純資産の部		
投資その他の資産	417,000	420,000	株主資本	471,000	479,000
固定資産合計	545,000	550,000	評価・換算差額等	6,900	4,700
			新株予約権	2,100	2,100
			純資産合計	480,000	485,800
資産合計	956,400	923,800	負債純資産合計	956,400	923,800

損益計算書

A社　　　　　　　　　　　　　　　（単位：百万円）

	前期 (自 20×0年4月1日 至 20×1年3月31日)	当期 (自 20×1年4月1日 至 20×2年3月31日)
売上高	162,000	920,000
売上原価	130,000	722,000
売上総利益	32,000	198,000
販売費及び一般管理費	14,000	160,000
営業利益	18,000	38,000
営業外収益	7,000	4,000
営業外費用	5,000	5,500
経常利益	20,000	36,500
特別利益	3,000	4,500
特別損失	2,000	10,000
税金等調整前当期純利益	21,000	31,000
法人税等合計	6,300	6,500
当期純利益	14,700	24,500

$$伸び率 = \frac{分析対象年度の金額 - 分析対象年度の前年度の金額}{分析対象年度の前年度の金額} \times 100 \ (\%)$$

これは，以下のようにも計算できます。

$$伸び率 = \left(\frac{分析対象年度の金額}{分析対象年度の前年度の金額} - 1 \right) \times 100 \ (\%)$$

$$伸び率 = \frac{分析対象年度の金額}{分析対象年度の前年度の金額} \times 100 - 100（\%）$$

　図表9－2を使って，具体的な数字を見てみましょう。分析対象年度を当期とし，売上高について分析する場合，（A社当期の売上高920,000百万 − A社前期の売上高162,000百万円）÷ A社前期の売上高162,000百万円× 100 = 467.9％となります。また，資産合計について分析する場合，（A社当期の資産合計923,800百万円 − A社前期の資産合計956,400百万円）÷ A社前期の資産合計956,400百万円× 100 =△3.41％となります。

　このように，伸び率はマイナスの値が出ることもあるので，伸び率ではなく**増減率**と呼ぶこともあります。

📖 推薦図書

・大阪商工会議所編（2019）『ビジネス会計検定試験公式テキスト3級（第4版）』中央経済社。
・桜井久勝（2020）『財務諸表分析（第8版）』中央経済社。

章末問題

1．財務諸表分析の必要性について，客観性と不確実性という言葉を用いて説明しなさい。

2．以下の企業情報のうち，定量情報に該当するものはどれか，選びなさい。

　規制の有無，従業員数，財務諸表，経営者の資質，販売シェア，株価，技術力

3．以下の文章が正しい場合には「○」，誤っている場合には「×」で答えなさい。
　（ア）今年度売上高が200で，毎年20％の伸び率が続くとすると，3年後の売上高は320となる。
　（イ）伸び率はマイナスの値にならない。

第 **10** 章

財務諸表分析

財務諸表分析のうち企業の収益性，安全性，１株当たりの情報及びキャッシュ・フローに関する分析について学修していきます。

到達目標

①収益性分析の手法を理解し，企業の収益性を判断できる。

②安全性分析の手法を理解し，企業の安全性を判断できる。

③１株当たり分析の手法を理解し，株価について分析できる。

④キャッシュ・フローのパターンを用いて，企業の状況を分析できる。

キーワード：ROA，ROE，流動比率，当座比率，自己資本比率，EPS，PER，BPS，PBR

Ⅰ 収益性分析とは

　企業活動の基本的な目的は，利益の最大化にあります。収益性分析では，利益の獲得状況及び利益の獲得能力を対象に分析を行います。収益性分析は，投下した資金・資本に対してどの程度の利益を獲得したかを示す**資本利益率**と，売上高に対してどの程度の利益を獲得したかを示す**売上高利益率**の大きく2つに大別できます。

（1）資本利益率

　資本利益率は，企業が投下した資金・資本からどの程度の利益が生み出されたかを示します。ここで重要な視点は，一般的に「小さな投資でより大きな利益を獲得する」ということが理想であるということです。また，分子の利益と分母の資本は，算定する指標に応じて適切な組み合わせのものを使用します。それではこの観点をもって，具体的な資本利益率の分析を見ていきましょう。

$$資本利益率の基本：\frac{利益}{資本（資産）} \times 100（\%）$$

① 総資産経常利益率

　総資産経常利益率は資金調達の巧拙（良し悪し）も含めた企業全体の収益性を示す指標です。この総資産経常利益率は **ROA**（Return On Asset）とも呼ばれます。

$$総資産経常利益率＝\frac{経常利益}{総資産} \times 100（\%）$$

　では，図表9−2を利用し，総資産経常利益率を計算してみましょう。経常利益の金額は36,500百万円，総資産の金額が923,800百万円であるため，総資産経常利益率は3.95%となります。

　計算式：36,500百万円 ÷ 923,800百万円 × 100 ＝ 3.95%（小数点第2位未満四捨五入）

② 自己資本利益率

　自己資本利益率は株主の立場からの収益性を示す指標です。この自己資本利益率は **ROE**（Return On Equity）とも呼ばれます。

$$自己資本利益率 = \frac{当期純利益}{自己資本^{1)}} \times 100 \ （\%）$$

　では，図表 9 − 2 を利用し，自己資本利益率を計算してみましょう。当期純利益の金額は 24,500 百万円，純資産の金額が 485,800 百万円であるため，自己資本利益率は 5.04％となります。

　　計算式：24,500 百万円 ÷ 485,800 百万円 × 100 ＝ 5.04％（小数点第 2 位未満四捨五入）

（2）売上高利益率

　売上高利益率は売上高を分母とし，各段階利益を分子として収益性を判断する指標です。売上高利益率は，売上高に占める利益の割合を示します。この指標を利用することで，効率よく利益を獲得できているかどうかを判断することができます。それでは，具体的な指標について見ていきましょう。

$$売上高利益率の基本：\frac{利益}{売上高} \times 100 \ （\%）$$

①　売上総利益率

　売上総利益率は，企業の製造能率や商品力を示します。**粗利益率**とも呼ばれます。

$$売上総利益率 = \frac{売上総利益}{売上高} \times 100 \ （\%）$$

　では，図表 9 − 2 を利用し，売上総利益率を計算してみましょう。売上総利益の金額は 198,000 百万円，売上高の金額が 920,000 百万円であるため，売上総利益率は 21.52％となります。

　　計算式：198,000 百万円 ÷ 920,000 百万円 × 100 ＝ 21.52％（小数点第 2 位未満四捨五入）

1）　厳密には分母は自己資本とすべきですが，簡便的に純資産を用いることもあります。なお，本章では，純資産を用いて計算しています（自己資本＝純資産−新株予約権−新株引受権−非支配株主持分）。

② 売上高営業利益率

　売上高営業利益率は，企業の本業の収益性を示します。

$$売上高営業利益率 = \frac{営業利益}{売上高} \times 100 （\%）$$

　では，図表 9 - 2 を利用し，売上高営業利益率を計算してみましょう。営業利益の金額は 38,000 百万円，売上高の金額が 920,000 百万円であるため，売上高営業利益率は 4.13％となります。

　　計算式：38,000 百万円 ÷ 920,000 百万円 × 100 ＝ 4.13％（小数点第 2 位未満四捨五入）

③ 売上高経常利益率

　売上高経常利益率は，企業の財務活動の成果を含めた収益性（正常収益力）を示します。

$$売上高経常利益率 = \frac{経常利益}{売上高} \times 100 （\%）$$

　では，図表 9 - 2 を利用し，売上高経常利益率を計算してみましょう。経常利益の金額は 36,500 百万円，売上高の金額が 920,000 百万円であるため，売上高経常利益率は 3.97％となります。

　　計算式：36,500 百万円 ÷ 920,000 百万円 × 100 ＝ 3.97％（小数点第 2 位未満四捨五入）

④ 売上高当期純利益率

　売上高当期純利益率は，税務政策の巧拙（良し悪し）も含めた最終的な収益性を示します。当期純利益は配当金と内部留保となるため，株主にとっても重要な比率となります。

$$売上高当期純利益率 = \frac{当期純利益}{売上高} \times 100 （\%）$$

　では，図表 9 - 2 を利用し，売上高当期純利益率を計算してみましょう。当期純利益の金額は 24,500 百万円，売上高の金額が 920,000 百万円であるため，売上高当期純利益率は 2.66％となります。

計算式：24,500 百万円 ÷ 920,000 百万円 × 100 ＝ 2.66％（小数点第 2 位未満四捨五入）

（3）資産利益率の分解

　総資産経常利益率や自己資本利益率を使用することで，投下した資金・資本からどの程度の利益が生み出されたか判断できました。ただし，これだけでは収益性を生む原因が曖昧です。この点，資産利益率は，売上高を使用することで式の分解を行うことができます（ROE の場合は，売上高に加えて，総資産も使用する）。これにより，「売上高に対する利益率」を示す**売上高利益率**と「効率性」を示す**資産回転率**の 2 つの観点から収益性を評価できます。

$$\text{資産利益率} = \underset{\text{（売上高利益率）}}{\frac{\text{利益}}{\text{売上高}}} \times \underset{\text{（資産回転率）}}{\frac{\text{売上高}}{\text{総資産}}}$$

　上記の分解を踏まえて，総資産経常利益率及び自己資本利益率を分解すると以下のようになります。

【ROA の分解】

$$\text{総資産経常利益率} = \underset{\text{（売上高経常利益率）}}{\frac{\text{経常利益}}{\text{売上高}}} \times \underset{\text{（総資産回転率）}}{\frac{\text{売上高}}{\text{総資産}}}$$

【ROE の分解】

$$\text{自己資本利益率} = \underset{\text{（売上高当期純利益率）}}{\frac{\text{当期純利益}}{\text{売上高}}} \times \underset{\text{（総資産回転率）}}{\frac{\text{売上高}}{\text{総資産}}} \times \underset{\text{（財務レバレッジ）}}{\frac{\text{総資産}}{\text{自己資本}}}$$

　ROE は，売上高利益率と資産回転率に加えて**財務レバレッジ**（レバレッジとは「てこの原理」を意味し，財務レバレッジは負債を利用することでリターンを高める効果を指します）に分解されます。財務レバレッジは，総資産が自己資本の何倍あるかを示すものです。上記の分解式を見て分かるように，財務レバレッジ（負債の比率）を高めれば ROE は上昇します。ただし，負債は純資産と異なり返済の必要性があるため，ROE を高めるために負債を増加させればよいという単純な問題ではない点に注意が必要です。

Ⅱ 安全性分析とは

　安全性分析では，会社が倒産せずに存続できるかどうかについて分析を行います。安全性は，**短期的な安全性**と**長期的な安全性**に大別されます。短期的な安全性の分析では，概ね１年以内の支払能力に問題がないかどうかを分析します。また，長期的な安全性の分析では，資本構成等から長期的な支払能力に問題がないか分析を行います。

（１）流動比率と当座比率

　ここでは，短期的な支払能力の分析に利用される**流動比率**と**当座比率**について学修していきます。

　流動比率とは，１年基準に着目し，１年以内に支払が発生する流動負債が１年以内に現金化される流動資産によって賄うことができるかどうかを判断するのに利用されます。ただし，流動資産はそのすべてが必ずしも１年以内に現金化される項目ではないため，下記の流動比率をもとに安全だと判断する目安は一般的に200％以上とされています。

$$流動比率 = \frac{流動資産}{流動負債} \times 100 （\%）$$

　では，図表９−２を利用し，流動比率を計算してみましょう。流動資産の金額は373,800百万円，流動負債の金額が301,000百万円であるため，流動比率は124.19％となります。

　計算式：373,800百万円 ÷ 301,000百万円 × 100 ＝ 124.19％（小数点第２位未満四捨五入）

　この計算結果では，流動比率は目安の200％を下回っており，短期的な支払能力に問題があるかのように思えます。しかし，流動資産のほとんどが換金性の高い資産であった場合でも問題があるといえるでしょうか。この問題を解決するのが当座比率です。当座比率は，流動資産の内，換金性の高い**当座資産**と流動負債を比較することにより，短期的な支払能力を示すものです。当座比率で短期的な支払能力を判断する際の目安は100％以上であるかどうかです。なお，当座資産は「**流動資産−棚卸資産**[2]」として計算されます。

$$当座比率 = \frac{当座資産}{流動負債} \times 100 （\%）$$

2）この算式は，ビジネス会計検定試験３級で使用されているものです。より厳密に計算する場合は「現金及び預金＋売上債権＋有価証券（一時所有）＋短期貸付金−貸倒引当金」と計算します。

　では，図表9－2を利用し，当座比率を計算してみましょう。流動資産の内訳は，現金110,000円，当座預金120,000円，売掛金108,800円，棚卸資産35,000円とします。当座資産の金額は338,800百万円，流動負債の金額が301,000百万円であるため，当座比率は112.56％となります。Ａ社では流動負債の支払いを当座資産で賄うことができるため，短期的な支払能力には問題ないということがわかります。

　計算式：338,800百万円÷301,000百万円×100 ＝ 112.56％（小数点第2位未満四捨五入）

（2）自己資本比率

　ここでは，**長期的な支払能力**の分析に利用される**自己資本比率**について学修していきます。

　自己資本比率とは，**他人資本**（負債のことを指します）と**自己資本**の関係性から長期的な支払能力の有無を示すものです。他人資本と自己資本の大きな違いは返済義務があるかどうかです。つまり，総資本の内，返済義務のない自己資本の割合が大きければ長期的な安全性は高いといえます。たとえば，他人資本による資金調達がない場合を考えてみるとわかりやすいでしょう。この場合には，他人資本の返済がないため支払いに困ることはありません。なお，自己資本比率で長期的な支払能力に問題がないと判断する目安は50％以上あるかどうかです。

$$自己資本比率 = \frac{自己資本}{総資産} \times 100 （\%）$$

　では，図表9－2を利用し，自己資本比率を計算してみましょう。純資産の金額は485,800百万円，総資産の金額が923,800百万円であるため，自己資本比率は52.59％となります。

　計算式：485,800百万円÷923,800百万円×100 ＝ 52.59％（小数点第2位未満四捨五入）

Ⅲ　1株当たり分析とは

　1株当たり分析は，株価と会計数値の関連性を分析する方法です。ここでは，基本的な指標である1株当たり当期純利益と株価収益率及び1株当たり純資産と株価純資産倍率について学修していきます。

　ここでの分析に使用する前提情報として以下を追加します。

・株価：2,900円
・発行済株式総数：200百万株

（1）1株当たり当期純利益と株価収益率

　1株当たり当期純利益は，当期純利益を発行済株式総数で除して計算します。これは，1株がどの程度の利益を生み出したかを示します。この1株当たり当期純利益は，EPS（Earnings Per Share）とも呼ばれます。

$$1株当たり当期純利益 = \frac{当期純利益}{発行済株式総数^{3)}}（円）$$

　では，図表9−2を利用し，1株当たり当期純利益を計算してみましょう。当期純利益の金額は 24,500 百万円，発行済株式総数が 200 百万株であるため，1株当たり当期純利益は 122.5 円となります。

計算式：24,500 百万円 ÷ 200 百万株 = 122.5 円

　この1株当たり当期純利益を用いて計算されるのが**株価収益率**になります。株価収益率は，株価と1株当たり当期純利益を比較することで，現在の株価が相対的に割高なのか割安なのか判断する際に用いられます。この株価収益率は，PER（Price Earnings Ratio）とも呼ばれます。

$$株価収益率 = \frac{株価}{1株当たり当期純利益}（倍）$$

　では，図表9−2を利用し，株価収益率を計算してみましょう。株価は 2,900 円，1株当たり当期純利益が 122.5 円であるため，株価収益率は 23.67 倍となります。

計算式：2,900 円 ÷ 122.5 円 = 23.67 倍（小数点第2位未満四捨五入）

（2）1株当たり純資産と株価純資産倍率

　1株当たり純資産は，純資産を発行済株式総数で除して計算します。この1株当たり純資産は，BPS（Book-value Per Share）とも呼ばれます。

$$1株当たり純資産 = \frac{純資産}{発行済株式総数}（円）$$

3）我が国の会計基準では期中平均株式数を用いることになっていますが，便宜的に期末時点の発行済株式総数を用いて計算します。

　では，図表 9 − 2 を利用し，1 株当たり純資産を計算してみましょう。純資産の金額は 485,800 百万円，発行済株式総数が 200 百万株であるため，1 株当たり純資産は 2,429 円となります。

$$計算式：485,800 百万円 ÷ 200 百万株 ＝ 2,429 円$$

　この 1 株当たり純資産を用いて計算されるのが**株価純資産倍率**になります。株価純資産倍率は，株価収益率と同様に，現在の株価が相対的に割高なのか割安なのか判断する際に用いられます。この株価純資産倍率は，**PBR**（Price Book-value Ratio）とも呼ばれます。

$$株価純資産率 ＝ \frac{株価}{1 株当たり純資産}（倍）$$

　では，図表 9 − 2 を利用し，株価純資産倍率を計算してみましょう。株価は 2,900 円，1 株当たり純資産が 2,429 円であるため，株価純資産倍率は 1.19 倍となります。

$$計算式：2,900 円 ÷ 2,429 円 ＝ 1.19 倍（小数点第 2 位未満四捨五入）$$

Ⅳ　キャッシュ・フローに関する分析

　キャッシュ・フロー計算書の内容については，第 5 章で取り扱いました。ここでは，キャッシュ・フロー計算書で表示される活動別のキャッシュ・フローのパターンを用いた分析について学修していきます。

　活動別のキャッシュ・フローのパターンとしては，図表 10 − 1 の 8 つがあります。また，それぞれのパターンが表している企業の状況は図表 10 − 2 の通りです。

　このようにキャッシュ・フロー計算書を概括的に見ることで，資金繰りの面から企業の状況を分析することができます。

図表 10 − 1　活動別キャッシュ・フローのパターン

活動	①	②	③	④	⑤	⑥	⑦	⑧
営業	＋	＋	＋	＋	−	−	−	−
投資	＋	−	＋	−	＋	−	＋	−
財務	＋	−	−	＋	＋	＋	−	−

出所：筆者作成

図表 10 － 2　各パターンにおける企業の状況

①＋＋＋	すべての活動のキャッシュ・フローがプラスであり，資金が蓄積されていきます。営業活動でキャッシュを生み出し，財務活動を通して資金調達を実施しているにも関わらず，資産の売却等を行い投資の回収を図っていることが読み取れます。このパターンは事業の転換を図っている企業に見られるものです。
②＋－－	営業活動で生み出したキャッシュを，会社の事業の拡大のために投資すると同時に，借入金等の返済に充てていることが読み取れます。これは，健全な企業のキャッシュ・フローのパターンです。
③＋＋－	営業活動で生み出したキャッシュと土地や機械等の資産の売却（投資活動）によって生み出したキャッシュを，借入金等の返済に充てていることが読み取れます。このパターンは，財務体質の改善に取り組んでいる企業に見られるものです。
④＋－＋	営業活動で生み出したキャッシュを上回る投資を行うために，財務活動により資金の調達を行っていることが読み取れます。これは，健全な企業のキャッシュ・フローのパターンです（成長企業によく見られるパターン）。
⑤－＋＋	営業活動によるキャッシュ・フローのマイナスを資産の売却（投資活動）や，資金の借り入れ（財務活動）などによって補おうとしていることが読み取れます。これは，資金繰りに注意が必要なパターンです。
⑥－－＋	営業活動によるキャッシュ・フローはマイナスですが，財務活動により資金調達を行い，投資を行っていることが読み取れます。この状況が継続すると資金繰りに問題が生じる可能性が出てきます。このパターンにおいては，投資活動が成功し，将来的にキャッシュ・フローを生み出せるかが分かれ目となります。
⑦－＋－	営業活動によるキャッシュ・フローはマイナスですが，資産の売却などにより資金を調達し，借入金等の資金の返済に充てていることが読み取れます（銀行からの借り入れができない状況に陥っている可能性があります）。この状況が続くと資金繰りが厳しくなります。
⑧－－－	すべての活動のキャッシュ・フローがマイナスであり，資金が流出していきます。過去に蓄積したキャッシュで投資を行い，かつ借入金等の返済を行っていることが読み取れます。この状況が継続すると資金繰りが厳しくなります。このパターンにおいては，投資活動が成功し，将来的にキャッシュ・フローを生み出せるかが分かれ目となります。

出所；筆者作成

📖 推薦図書

・大阪商工会議所編（2019）『ビジネス会計検定試験公式テキスト3級（第4版）』中央経済社。
・桜井久勝（2020）『財務諸表分析（第8版）』中央経済社。

章末問題

以下の財務諸表をもとに，次の指標を計算しなさい（小数点以下第 3 位を四捨五入すること）。

①総資産経常利益率，②売上高経常利益率，③総資産回転率，④自己資本利益率，

⑤売上高当期純利益率，⑥財務レバレッジ，⑦流動比率，⑧自己資本比率

（貸借対照表）	（単位：百万円）
資産の部	
流動資産	168,000
固定資産	
有形固定資産	65,000
無形固定資産	22,000
投資その他の資産	65,000
固定資産合計	152,000
資産合計	320,000
負債の部	
流動負債	85,000
固定負債	42,000
負債合計	127,000
純資産の部	
株主資本	
資本金	48,000
資本剰余金	27,000
利益剰余金	128,000
自己株式	△10,000
株主資本合計	193,000
純資産合計	193,000
負債純資産合計	320,000

（損益計算書）	（単位：百万円）
売上高	257,000
売上原価	181,000
売上総利益	76,000
販売費及び一般管理費	56,000
営業利益	20,000
営業外収益	4,000
営業外費用	2,000
経常利益	22,000
特別利益	8,000
特別損失	3,000
税金等調整前当期純利益	27,000
法人税等合計	9,000
当期純利益	18,000

第11章

税務会計
―税の基礎知識・所得税―

　税金はビジネスや日常生活と密接に関わっています。そのため，税について学ぶことは大切です。税について学ぶためには，会計の知識とスキルを身につけなければなりません。

　本章では，税と会計の関係を理解するために，税の基礎知識（税の定義，税の目的・役割，税の三原則，税の分類）について学んだ後，所得税の基礎知識（所得の概念，所得の種類，所得税の基本的な仕組み）について，また所得のなかから事業所得を取り上げ，事業所得の金額とその金額に対する所得税額の計算について学びます。

到達目標

①税の意義と目的・役割，税の三原則，税の分類について説明することができる。

②所得税の対象である所得の概念，所得の種類，所得税の基本的な仕組みについて説明することができる。

③事業所得と会計の関係を理解し，税を学ぶうえでの会計の必要性について説明することができる。

キーワード：租税法律主義，所得税，超過累進税率，源泉徴収，
　　　　　　確定申告，制限的所得概念，包括的所得概念

Ⅰ 税の基礎知識

（1）税金とは

　税金はビジネスや日常生活と密接に関わっています。つまり，私たちは，税金と関わることなく，事業を営んだり，日常生活を送ったりすることはできないのです。そのため，私たちは，税金の知識を身につけて，税金とうまく付き合っていくことが大切です。

　私たちは，「税」のほかに「税金」あるいは「租税」という言葉も使っていますが，いずれも同じ意味です。税について，日本国憲法は，30条で「国民は，法律の定めるところにより，納税の義務を負ふ」，そして84条で「あらたに租税を課し，又は現行の租税を変更するには，法律又は法律の定める条件によることを必要とする」と定めています。しかし，日本国憲法は，税の定義──税とはどのようなものか──を定めていません。税の定義については，税法学などのさまざまな学問分野で議論されていることをみても，学問としての税を定義することは難しいのです。このテキストは，会計学のテキストなので，わかりやすい税の定義を示しておきます。

　財務省のパンフレットでは，税について次のように説明しています。

　年金，医療などの社会保障・福祉や，水道，道路などの社会資本整備，教育や警察，消防，防衛といった公的サービスは，私たちの豊かな暮らしには欠かせないものですが，その提供には多額の費用がかかります。

　こうした「公的サービス」は，例えば，警察や防衛のように，特定の人だけのために提供することが困難なものや，社会保障や教育など，費用負担が可能な人への提供のみでは社会的に不適当なものであり，一般に，市場の民間サービスのみに依存すると，必要な量・水準のサービスが提供されません。

　このため，こうしたサービスの費用を賄うためには，皆さんから納めて頂く税を財源とすることで，公的に実施することが求められます。

　このように，みんなが互いに支え合い，共によりよい社会を作っていくため，公的サービスの費用を広く公平に分かち合うことが必要です。まさに，税は「社会の会費」であると言えます。

出所：財務省「もっと知りたい税のこと」（令和3年6月）。

　この税の定義は，**租税会費説**をベースとしています。その他に税の考え方には，租税利益説，租税義務説があります。**租税利益説**は，社会契約説的な国家観を背景として，税金は国民が国家から受ける利益の対価とみる考え方です。**租税義務説**は，国家は個人の意思を超えた必然であり，個人は国家なくして存在しえないとする権威的国家観と結びついて，国家は当然に課税権を有し，国民は当然に納税義務を負うものとする考え方です。

（2）税の目的・役割

　税の目的・役割には，次の3つがあります。

①　財源調達機能

　国や地方公共団体は，公的サービスを提供することにより，国民全体の福祉向上を図っており，同時にそのための財源を調達する必要があります。税は，その資金調達手段の一つとして位置づけられています。

②　所得再分配

　市場経済によりもたらされる所得や資産の分配は，遺産や個人の先天的能力などその出発点において格差が存在します。このような格差は，社会的に見て望ましくない場合があります。そのため，所得税や相続税の累進税率構造（所得や財産を多く獲得するほど，それだけ税率が高くなる仕組み）等を通じて税を集め，それを医療や社会保障の給付などに使うことで所得や資産の再分配を図っています。

③　景気調整

　市場経済では景気変動は避けられません。しかし，急激な景気変動は国民生活に大きな影響をもたらします。税には，こうした急激な景気変動を抑制し，経済の安定化に寄与する機能もあります。つまり，好況期には税収増を通じて総需要を抑制する方向に作用し，不況期には逆に税収減を通じて総需要を刺激する方向に作用することで，自動的に景気変動を小さくし経済を安定化する役割を果たしています。その代表的な税が所得税と法人税です。

（3）税の三原則

　財務省のパンフレットでは，税は「社会の会費」であるという説明をしています。私たちは，社会の構成員として，税を広く公平に分かち合っていくために，日本の税制は「公平・中立・簡素」の原則に基づいています。

① 公平の原則

　公的サービスを提供するための資金として税を集めるとしても「誰が，どの程度ずつ，どのように負担するのか」という公平性の確保が重要です。公平という考え方には，等しい負担能力のある人には等しい負担を求める**水平的公平**と，負担能力の大きい人にはより大きな負担を求める**垂直的公平**があります。さらに，近年，少子高齢化が急激に進んでいることにより，生まれた時代によって人びとの一生涯に支払う税負担水準に不公平が発生する可能性があります。そのため，近年では「世代間の公平」が一層重要になっています。

② 中立の原則

　公平性と並んで，税制は個人や企業の経済活動における選択を歪（ゆが）めてはならないという中立性の確保が重要です。近年，経済のグローバル化・成熟化が進展するなか，個人や企業の経済活動や資産選択等に対する課税の中立性を確保することが一層重要になっています。

③ 簡素の原則

　税制の仕組みは，できるだけ簡素にし，納税者にとって理解しやすいものにするという簡素性の確保が重要です。現代の民主主義国家では，従来の徴税（ちょうぜい）コストを抑えるという観点に加えて，納税者の理解を容易にし，納税の負担を軽減するためにも，税制の簡素性が重視されるようになっています。

（4）税の分類

　日本には，所得税，法人税，相続税，消費税，酒税，たばこ税，自動車税，軽自動車税，固定資産税など数多くの税があります。これらの税は，次のように分類することができます。

① 「誰が課税主体なのか」による分類

　「誰が課税主体なのか」，つまり「どこが税を賦課（ふか）し徴収（ちょうしゅう）するのか」による分け方があります。国が賦課し徴収する税を**国税**といいます。そして，都道府県や市町村といった地方公共団体が賦課し徴収する税を**地方税**といいます。国税と地方税を合わせて40種類以上の税があり，それぞれの税は法律に定められています。つまり，国民に租税を賦課し徴収するためには，必ず国民を代表する議会が租税に関する法律を制定しなければなりません。これを**租税法律主義**といいます。租税法律主義の目的は，課税権者による恣（し）意的ないし不当な課税から国民の財産及び自由を保護することにあります。日本国憲法は84条で租税法律主義を定めています。

② 「誰が税を負担し，誰が税を納めるのか」による分類

　「誰が税を負担し，誰が税を納めるのか」による分け方があります。税を納める義務の
ある人（納税者）と税を負担する人（担税者）が同じである税を**直接税**といいます。直接税
の代表的なものとして所得税，法人税，相続税があります。また，税を納める義務のある
人（納税者）と税を負担する人（担税者）が異なる税を**間接税**といいます。間接税の代表的
なものとして消費税，酒税，たばこ税があります。

③ 「何に対して税負担を求めるのか」による分類

　「何に対して税負担を求めるのか」による分け方があります。これは，大きく３つに分
けることができます。第一に，所得に対して課税する**所得課税**があります。所得課税の代
表的なものとして，国税では所得税や法人税，地方税では住民税や事業税があります。第
二に，物品やサービスの消費等を対象として課税する**消費課税**があります。消費課税の代
表的なものとして，国税では消費税や酒税，地方税では地方消費税や自動車税があります。
第三に，資産の取得・保有等を対象として課税する**資産課税等**があります。資産課税等の
代表的なものとして，国税では相続税，地方税では固定資産税があります。

　以上の３つの税の分類を一覧表にまとめると，次のようになります。

図表 11 － 1

	国 税	地 方 税		国 税	地 方 税
所得課税	●所得税　●法人税 ●地方法人税 ●地方法人特別税 ●特別法人事業税 ●森林環境税 　（令和６年度～） ●復興特別所得税	●住民税 ●事業税	消費課税	●消費税　●酒税 ●たばこ税　●たばこ特別税 ●揮発油税 ●地方揮発油税 ●石油ガス税 ●航空機燃料税 ●石油石炭税 ●電源開発促進税 ●自動車重量税 ●国際観光旅客税 ●関税 ●とん税　●特別とん税	●地方消費税 ●地方たばこ税 ●ゴルフ場利用税 ●軽油引取税 ●自動車税 　（環境性能割・種別割） ●軽自動車税 　（環境性能割・種別割） ●鉱区税 ●狩猟税 ●鉱産税 ●入湯税
資産課税等	●相続税・贈与税 ●登録免許税 ●印紙税	●不動産取得税　●固定資産税 ●特別土地保有税　●法定外普通税 ●事業所税　●都市計画税 ●水利地益税　●共同施設税 ●宅地開発税　●国民健康保険税 ●法定外目的税			

出所：財務省「もっと知りたい税のこと」（令和３年６月）。

Ⅱ 所得税

（1）税と会計

　「Ⅰ 税の基礎知識」のなかで，「会計」という言葉は出てきていません。また，日常生
活を送るなかで，私たちが納めている税金の大部分は，その納税額を自分自身で計算して

いません。たとえば，アルバイトで稼いだ給料から源泉所得税が引かれているし，私たちが支払うビール，たばこ，ガソリンの価格には，それぞれ酒税，たばこ税，ガソリン税（正式名称：揮発油税及び地方揮発油税）が含まれています。そのため，税と会計の間にどのような関わりがあるのだろうかと不思議に思う人もいるでしょう。一方で，数多くの税のなかで，所得税と法人税は，私たちが納税する金額を計算しなければなりません。所得税と法人税を納税するためには，私たちは会計の知識とスキルを身につける必要があります。本章では，所得税をとりあげます。

（2）所得税の基礎知識

① 所得税とは

　所得税は，原則として個人の1年間（1月1日〜12月31）に得た所得に対して課される税金です。

　所得税額は，1年間（1月1日〜12月31）のすべての所得からいろいろな所得控除（その人の状況に応じて税負担を調整するもの）を差し引いた残りの所得（課税所得）に税率を乗じて計算します。所得税の税率は，所得が増加するにつれて，その増加部分に，順次，高い税率を適用する**超過累進税率**を採用し，担税力（税金を負担する能力）に応じて公平に税を負担するしくみになっています。

　税と会計にとって重要なことは，会社に勤めている人（給与所得者）と事業を営んでいる人（事業所得者）では納税方法が異なっているということです。

　会社に勤めている人（給与所得者）については，給与を支払う事業者（会社）が，本人の給与から所得税を差し引いて預かり，これを本人に代わって税務署に納税しています。このような納税の方法を**源泉徴収**といいます。他方，事業を営んでいる人（事業所得者）については，本人自らが1年間に得た所得とそれに対する税額を計算し，翌年の2月16日から3月15日までに税務署へ申告し納付します。このような納税の方法を**確定申告**といいます。

　源泉徴収の対象となる人は，会計と関わることはないでしょうが，事業を営んでいるために確定申告をしなければならない人は，会計の知識とスキルを身につける必要があります。

② 所得の種類

　所得税法は，所得税の対象である所得についての明確な定義を定めていません。所得税の対象である所得をどのように捉えるのかについては，2つの代表的な学説があります。

　1つは，個人に帰属した経済的利得のうち，反復的・継続的に得られる利得のみが所得であるとする**制限的所得概念**（所得源泉説）です。この考え方によれば，個人の得たクイズの懸賞金や土地の譲渡益など一時的・偶発的な利得は課税されないので，負担の不公

平が問題となります。

　もう 1 つは，個人に帰属したすべての経済的利得が所得であるとする**包括的所得概念**
（純資産増加説）です。この考え方によれば，個人の得たクイズの懸賞金や土地の譲渡益な
ど一時的・偶発的な利得も所得に含まれ，課税されるので，負担の公平が確保されます。

　現行の所得税法は，包括的所得概念（純資産増加説）を採用していると考えられています。

　所得税の対象である所得は，その性質によって次の 10 種類に分けられます。また，そ
れぞれの所得について，その対象や所得金額の計算方法が所得税法で定められています。

図表 11 - 2

所得の種類	対　象	所得金額の計算方法
①利子所得	公社債及び預貯金の利子などの所得	収入金額＝所得金額
②配当所得	株式や出資金の配当などの所得	収入金額－株式などを取得するための借入金の利子
③不動産所得	土地，建物などの貸付から生ずる所得	収入金額－必要経費
④事業所得	農業，漁業，製造業，卸売業，小売業，サービス業，その他の事業から生ずる所得	収入金額－必要経費
⑤給与所得	給与，賃金，賞与などの所得	収入金額－給与所得控除額
⑥退職所得	退職手当，退職金，一時恩給などの所得	（収入金額－退職所得控除額）× 2 分の 1
⑦山林所得	山林の伐採または譲渡から生ずる所得	収入金額－必要経費－特別控除額
⑧譲渡所得	土地，建物，ゴルフ会員権など資産の譲渡から生ずる所得	収入金額－売却した資産の取得費・譲渡費用－特別控除額
⑨一時所得	生命保険契約に基づく一時金，賞金，懸賞などの所得	収入金額－収入を得るために支出した金額－特別控除額
⑩雑所得	国民年金，厚生年金，共済年金，恩給などの所得	収入金額－公的年金等控除額
	上記の所得のいずれにも当てはまらないもの	収入金額－必要経費

出所；筆者作成

③　所得税の基本的な仕組み

1）所得金額の基本的な仕組み

　上の図表 11 - 2 の「所得金額の計算方法」欄で，10 種類の所得の所得金額の計算方法
が示されています。

　所得金額の計算方法は，基本的に，　収入金額　－　必要経費　＝　所得金額　となっています。

2）所得税の基本的な仕組み

　所得金額の計算方法にしたがって**所得金額**が確定すると，その後，納税する「**税額**」ま
での流れは，次のとおりです。

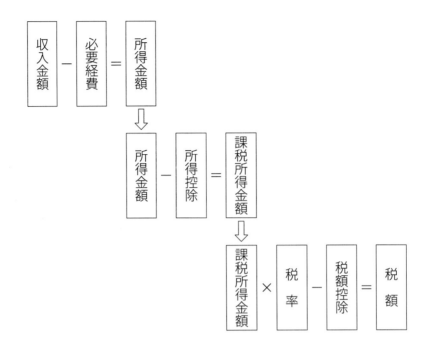

　所得税の基本的な仕組みのなかにある所得控除と税額控除について説明します。

　所得控除とは，各納税者の家族構成や個人的事情の違いなどからくる担税力の違いを考慮して，所得税の計算の際に所得金額から特定の金額を差し引くものです。たとえば，年収が同じ人でも，独身の場合と配偶者や子供のいる場合では，生活にかかる出費額も違うため担税力は異なります。このように，所得控除は，負担の公平性を図るために設けられています。所得控除には，医療費控除，社会保険料控除，寄附金控除，障害者控除，ひとり親控除，勤労学生控除，配偶者控除，扶養控除，基礎控除などがあります。

　税額控除とは，課税所得金額に税率を乗じて算出した所得税額から一定の金額を控除するものです。税額控除は，二重課税の排除や特定の政策を推進することを目的として設けられています。税額控除には，配当控除，住宅借入金等特別控除，政党等寄附金特別控除，公益社団法人等寄附金特別控除，外国税額控除などがあります。

3）所得税の税率

　所得税の税率は，所得が増加するにつれて，その増加部分に，順次，高い税率を適用する**超過累進税率**を採用し，担税力に応じて公平に税を負担するしくみになっています。現在の所得税率は5％から45％までの7段階制となっています。

　たとえば，課税される所得金額が500万円の場合，500万円のうち195万円に対して5％，135万円（＝330万円－195万円）に対して10％，残りの170万円（＝500万円－195万円－135万円）に対して20％の税率を乗じて，それぞれ算出した税額を合計して納付する税額を求めます。

195万円×5％＋135万円×10％＋170万円×20％＝572,500円

　上記のような計算では手間がかかるため，次の速算表を使用すると簡単に求められます。

　たとえば，課税される所得金額が500万円の場合，500万円に対して20％の税率を乗じて算出した税額から控除額427,500円を差し引くことで納付する税額を求めます。

500万円×20％－427,500円＝572,500円

図表11－3　所得税の速算表（平成27年分以降）

課税される所得金額	税率	控除額
1,000円〜 1,949,000円	5％	0円
1,950,000円〜 3,299,000円	10％	97,500円
3,300,000円〜 6,949,000円	20％	427,500円
6,950,000円〜 8,999,000円	23％	636,000円
9,000,000円〜 17,999,000円	33％	1,536,000円
18,000,000円〜 39,999,000円	40％	2,796,000円
40,000,000円以上	45％	4,796,000円

出所：国税庁HP タックスアンサー No.2260 所得税の税率。

（3）事業所得と会計

　所得の種類のなかで，特に，会計の知識とスキルが必要なのは事業所得です。

① 事業所得とは

　事業所得とは，農業，漁業，製造業，卸売業，小売業，サービス業，その他の事業から生ずる所得をいいます。

　事業とは，自己の計算と危険において，営利を目的とし，対価を得て，継続的に行う経済活動をいいます。ここでは，生活するために，会社等から給料をもらうのではなく，生活するためのお金を自分で稼ぐ手段（コンビニエンスストア経営，飲食店経営など）という理解でよいでしょう。また，所得とは，収入金額から必要経費を差し引いて残った額をいいます。たとえば，商品を売って得た金額が収入金額で，その収入金額から商品を売るためにかかった仕入代金などの必要経費を差し引いた金額が所得です。したがって，事業所得とは，たとえば，コンビニエンスストアを経営して得た収入金額からその収入金額を得るためにかかった必要経費を差し引いた金額ということです。

②　事業所得の金額の計算

「2）所得金額の基本的な仕組み」で示したとおり，事業所得の金額は，1年間（1月1日～12月31）の収入金額から必要経費を差し引くことによって求められます。これは，次の計算式で表わすことができます。

$$\boxed{収入金額} - \boxed{必要経費} = \boxed{事業所得の金額}$$

収入金額とは，その年において事業活動により収入すべき金額をいいます。そして，収入金額には，金銭による収入だけでなく物または権利等を取得する時における価額や経済的利益を獲得する時における価額も含まれます。たとえば，金銭ではなく物品で受け取ったもの，販売商品を自家用に消費または贈答用に使ったもの，棚卸商品の損失被害で受け取った保険料・賠償金，空箱などの廃品を売却した収入，仕入割引があります。

必要経費とは，収入を得るために直接必要な売上原価や，販売費及び一般管理費その他業務上の費用のことをいいます。たとえば，売上原価，給与，賃金，地代，家賃，減価償却費があります。

③　会計の必要性

小売業やサービス業などの事業を経営するうえで，「いくら儲かっているのか」，そして「いくら税金を納めるのか」を知ることは大切です。

まずは，「所得税の基本的な仕組み」の流れのなかで，$\boxed{収入金額} - \boxed{必要経費} = \boxed{事業所得の金額}$の金額が重要で，これが計算できなければ，ゴールである納税する「税額」までたどり着くことができません。

たとえば，収入金額については，その年の収入金額に何が含まれるのか，またどの収入をどの年の収入金額に含めるのか，を決める必要があります。そして，必要経費については，その年の必要経費に何が含まれるのか，またどの経費をどの年の必要経費に含めるのか，を決める必要があります。会計においても，いつの時点で収益及び費用を認識するのか，ということは重要で，発生主義，実現主義，現金主義の3つの考え方があるとされています。このような考え方を基礎として，事業所得の収入及び経費の帰属時期が所得税法で定められています。また，必要経費である売上原価や減価償却費については，所得税法で定められていますが，会計における棚卸資産の評価方法や減価償却費の計算方法について理解していなければ，必要経費を求めることができません。したがって，事業所得の金額を計算するためには，会計の知識とスキルを身につけることが必要なのです。

最後に，事業所得の金額を求めるための収入金額と必要経費に関わる会計学の内容を少しだけあげておきます。

　ア　期間損益計算

　イ　実現主義の原則（収益の認識基準）

　ウ　発生主義の原則（費用及び一部の収益の認識基準）

　エ　費用収益対応の原則

　オ　売上原価・製造原価の計算

　カ　棚卸資産の評価方法

　キ　減価償却費の計算方法　など

　詳しい内容は，簿記論，財務諸表論，原価計算などの専門科目で学んでください。

推薦図書

・成道秀雄監修，坂本雅士編著（2022）『現代税務会計論（第 5 版）』中央経済社。
・藤本清一，林幸一，増山裕一（2021）『これならわかる !! 税法の基本（11 訂版）』実教出版。
・三木義一編著（2022）『よくわかる税法入門（第 16 版）』有斐閣。

・第 11 章に関連する付表
　所得税の申告書 B
　　https://www.nta.go.jp/taxes/shiraberu/shinkoku/yoshiki/01/shinkokusho/pdf/r02/02.pdf
　所得税青色申告決算書（一般用）
　　https://www.nta.go.jp/taxes/shiraberu/shinkoku/yoshiki/01/shinkokusho/pdf/r03/10.pdf

・第 12 章に関連する付表
　法人税等各種別表
　　https://www.nta.go.jp/taxes/tetsuzuki/shinsei/annai/hojin/shinkoku/itiran2021/01.htm

章末問題

1．次の税金を分類し，税金の分類表に記入しなさい。

所得税，法人税，相続税，事業税，消費税，酒税，たばこ税，自動車税，軽自動車税，
固定資産税

＜税金の分類表＞

	国　税	地方税		国　税	地方税
所得課税			消費課税		
資産課税等					

2．会社に勤めている人（給与所得者）の所得税の納税方法と事業を営んでいる人（事業所得者）の納税方法について説明しなさい。

3．所得税の対象である所得の考え方について説明しなさい。

第12章

税務会計
―法人税と会計―

　法人税は申告納税方式の税金であるため，納税者が法人税法にしたがって所得金額と税額を正しく計算して申告し納税しなければなりません。そのためには，法人税と税務会計の知識とスキルが必要です。

　本章では，法人税の課税根拠，法人税の特色，法人税の納税義務者，法人税の基本的な仕組みについて学んだ後，法人が「一般に公正妥当と認められる会計処理の基準」にしたがって計算した利益を基礎に，法人税法の規定に基づく法人の課税所得や法人税額を算出する税務会計について学びます。

到達目標

①法人税の課税根拠，法人税の特色，法人税の納税義務者について説明することができる。

②法人税の基本的な仕組みについて説明することができる。

③法人の利益と法人の課税所得の関係を理解し，両者を調整する税務会計の目的と役割について説明することができる。

キーワード：税務会計，財務会計，法人税，法人の利益，法人の課税所得，確定決算主義，税務調整

Ⅰ 税務会計とは

　数多くの税のなかで，私たちが納税する金額を計算する税には法人税があります。法人税は，株式会社など法人の所得に対して課される税金です。法人は，事業年度ごとにその期間の所得をもとに税額を計算して申告し納税しなければなりません。法人税の税額を計算して申告し納税するためには，財務会計と税務会計という2つの会計の知識とスキルを身につける必要があります。

　本書の財務会計に関する章のなかで，会計のルール，貸借対照表，損益計算書について解説しています。それが財務会計にあたります。そして，税務会計は，租税法のなかでも，特に法人税法の規定に基づき，法人の課税所得や法人税額を算出するための会計のことを指します。

　本章では，法人税と税務会計の基礎的な内容を解説します。

Ⅱ 法人税

（1）法人税とは

　法人税とは，法人の所得に対して課される税金です。法人税を学ぶうえで，法人の所得に対して法人税を課す根拠を理解しておく必要があります。そのためには，法人税をどのように捉えるのかが重要です。法人税の捉え方には2つの考え方があります。

　1つは，法人は個人株主の集合体であり，法人の所得は個人の所得であると捉えているので，法人に独立した納税義務はなく，法人の所得に対する課税は個人の所得税の前取りであるとする考え方です。これを**法人擬制説**といいます。この考え方によれば，株主は，法人の段階で法人の所得に対して法人税が課せられ，さらに個人の段階で法人税が課せられた所得から支払われた配当金に対して所得税が課せられると，法人税と所得税が二重に課されてしまうという**二重課税**の問題が生じます。

　もう1つは，法人を自然人である個人と並んで独立した納税者であるとする考え方です。これを**法人実在説**といいます。この考え方によれば，法人は個人株主とは別個の課税単位であると捉えているので，個人株主とは無関係に独立して法人の所得に対して法人税が課せられることになります。したがって，個人の段階で法人税が課せられた所得から支払われた配当金に対して所得税が課せられたとしても二重課税の問題は生じません。

　現行の税制は，基本的に法人擬制説に基づき，法人税と所得税の二重課税を一部調整するシステムを採用しています。たとえば，所得税の側においては配当控除制度，また法人税の側においては受取配当等の益金不算入の制度が設けられています。

（2）法人税の特色

　法人税は，次のような特色があります。

　第一に，所得の計算について，法人税法は，所得税法のように所得の種類を区分することなく，特別に定めるものを除き，法人の得た利益を法人の所得としています。また，法人税法は，法人の所得の算出方法に関して必要な事項のすべてを定めているのではなく，「一般に公正妥当と認められる会計処理の基準」によって計算された利益を前提とするなど相当部分を適正な企業会計の慣行に委ねています。

　第二に，所得の計算期間について，法人税法は，法人が定款等によって定めた事業年度を基準としています。

　第三に，税率について，法人税法は，原則として所得の金額の多寡にかかわらず同じ税率である比例税率となっています。

（3）法人税の納税義務者

　法人税法は，法人の性格などに応じて法人を区分し，その区分に応じて納税義務の範囲と課税所得の範囲を定めています。

①　内国法人と外国法人

　法人税法は，まず法人税の納税義務者を内国法人と外国法人に区分しています。

1）内国法人

　内国法人とは，国内に本店または主たる事務所を有する法人をいいます。

　内国法人は，日本で生じた所得（国内源泉所得）のみならず，外国で生じた所得（国外源泉所得）に対しても法人税が課されます。つまり，内国法人は，**全世界所得課税**となります。

2）外国法人

　外国法人とは，内国法人以外の法人をいいます。

　外国法人は，外国で設立された法人，つまり日本の法人ではないので，基本的には日本の法人税が課されることはありません。しかし，外国法人が日本に支店を設け，日本国内で所得が生じた場合には，その所得（国内源泉所得）に対して日本の法人税が課されます。

②　内国法人の納税義務者

　法人税法は，さらに内国法人を法人の性格などに応じて次の5つに分けています。

> 1）公共法人（地方公共団体，日本放送協会，国立大学法人，日本年金機構　など）
> 2）公益法人等（公益社団法人，公益財団法人，学校法人，宗教法人，社会福祉法人　など）
> 3）人格のない社団等（PTA，同窓会，同業者団体，学会　など）
> 4）協同組合等（農業協同組合，消費生活協同組合，信用金庫　など）
> 5）普通法人（株式会社，合名会社，合資会社，合同会社　など）

　5つに分けられた内国法人は，それぞれ課税所得の範囲と納税義務の範囲に違いがあります。

1）公共法人

　公共法人には，政府の出資により公共的な目的の事業を行う法人や，国または地方公共団体の行うべき事務を代行する法人が該当します。

　公共法人は，法人税が課されていないので，法人税の納税義務を負っていません。

2）公益法人等

　公益法人等には，教育や宗教などの公益を目的として設立された法人で，原則として営利を目的としない法人が該当します。

　公益法人等は，原則として，法人税が課されていません。ただし，公益法人等は，収益事業から生じた所得に対してのみ法人税が課されています。したがって，公益法人等は，収益事業から生じた所得に対してのみ法人税の納税義務を負っています。

3）人格のない社団等

　人格のない社団等とは，法人でない社団または財団で代表者または管理人の定めがあるものをいいます。つまり，社団または財団としての実体は備えているが，法人となる手続きを取っていないものが人格のない社団等に該当します。

　人格のない社団等は，原則として，法人税が課されていません。ただし，人格のない社団等は，収益事業から生じた所得に対してのみ法人税が課されています。したがって，人格のない社団等は，収益事業から生じた所得に対してのみ法人税の納税義務を負っています。

　公益法人等と人格のない社団等に対して法人税が課される**収益事業**とは，販売業，製造業その他の政令で定めている事業で，継続して事業場を設けて行われるものをいいます。法人税法上の収益事業として定めている事業は，次の34業種です。

1．物品販売業	10．請負業	18．代理業	27．遊技所業
2．不動産販売業	11．印刷業	19．仲立業	28．遊覧所業
3．金銭貸付業	12．出版業	20．問屋業	29．医療保険業
4．物品貸付業	13．写真業	21．鉱業	30．技芸教授業
5．不動産貸付業	14．席貸業	22．土石採取業	31．駐車場業
6．製造業	15．旅館業	23．浴場業	32．信用保証業
7．通信業	16．料理店業その他	24．理容業	33．無体財産権の
8．運送業	の飲食店業	25．美容業	提供等を行う事業
9．倉庫業	17．周旋業	26．興行業	34．労働者派遣業

　たとえば，学校法人の幼稚園が園児に制服等を販売したり（物品販売業），宗教法人の寺院が境内の一部を不特定または多数の者に駐車場として貸したり（駐車場業）することが収益事業にあたります。

4）協同組合等

　協同組合等には，組合員の事業活動に便宜を与えるための活動を行う法人が該当します。

　協同組合等は，すべての所得に対して法人税が課されています。協同組合等は，すべての所得に対して法人税の納税義務を負っていることから，一般に**無制限納税義務者**と呼ばれています。

5）普通法人

　普通法人とは，1）から4）までのいずれにも該当しない法人をいいます。

　普通法人は，すべての所得に対して法人税が課されています。普通法人は，すべての所得に対して法人税の納税義務を負っていることから，一般に**無制限納税義務者**と呼ばれています。

図表12－1　法人の種類と課税対象

法人の種類		内容	各事業年度の所得
内国法人	公共法人	地方公共団体，日本放送協会，国立大学法人，日本年金機構　など	課税されません（非課税）。
	公益法人等	公益社団法人，公益財団法人，学校法人，宗教法人，社会福祉法人　など	収益事業から生じた所得に課税されます。
	人格のない社団等	PTA，同窓会，同業者団体，学会　など	収益事業から生じた所得に課税されます。
	協同組合等	農業協同組合，消費生活協同組合，信用金庫　など	すべての所得に課税されます。
	普通法人	株式会社，合名会社，合資会社，合同会社　など	すべての所得に課税されます。
外国法人	人格のない社団等	PTA，同窓会，同業者団体，学会　など	収益事業から生じた国内源泉所得に課税されます。
	普通法人	内国法人及び外国法人の人格のない社団等以外の法人	国内源泉所得に課税されます。

出所；筆者作成

（4）法人税の基本的な仕組み

　法人税額は，法人税法の定めるところにより算出された各事業年度の所得の金額（これを「課税所得」または「課税標準」といいます。）に一定の税率を乗じて計算します。これは，次の計算式で表わすことができます。

$$\boxed{課税所得} \times \boxed{税\;率} = \boxed{法人税額}$$

①　法人の事業年度

　法人税は，事業年度を基準に所得金額を算出します。事業年度とは，法人の財産及び損益の計算の単位となる期間（会計期間）で，法令で定めるもの，または法人の定款，寄附行為，規則，規約その他これらに準ずるものに定めるものをいいます。法人税法は，事業年度の期間を1年以内とし，事業年度の期間が1年を超える場合には，その開始の日から1年ごとに区分した期間を一事業年度としています。

②　法人の課税所得

　法人税法は，法人の確定した決算を基礎として確定申告書を作成しなければならないという**確定決算主義**を採用しています。つまり，法人の課税所得は，法人の確定した決算に基づく損益計算書に計上された当期純利益を出発点として，これに法人税法独自の調整を加えて算出します。法人の課税所得の計算については，あとで説明します。

③　法人税の税率

　　法人税額は，法人の各事業年度の所得金額に一定の税率を乗じて計算します。

　　普通法人に対する法人税の税率は，原則として 23.2% です。ただし，中小企業者等に対する税負担の軽減を目的として，資本金 1 億円以下の法人等については，所得金額のうち年 800 万円以下の部分に対しては 19% の税率としています。

　　さらに，中小企業者等の法人税率の特例として 2023（令和 5）年 3 月 31 日までに開始する事業年度については，所得金額のうち年 800 万円以下の部分に対しては税率を 15% とする軽減措置が図られています。

　　普通法人以外の法人等に対する税率は，法人税法で定められています。

　　税率は，税制改正によって変更されることがあります。実際に法人税額を計算するにあたっては，国税庁のホームページなどで最新の税率を確認する必要があります。

④　法人税の納税地

　　内国法人の法人税の納税地は，原則として，その本店または主たる事務所の所在地とされています。

　　納税地は，単に法人税を納税する場所となるだけではなく，申告，申請，請求，届出等，法人が法人税法に基づく義務の履行や権利の行使に係るすべての事項の処理を行う場所や，法人を管轄する税務署を定める基準となります。

⑤　法人税の申告と納税

　　法人税の納税義務は，各事業年度の終了の時に成立します。ただし，法人税は申告納税方式の税金であるため，具体的に納税すべき法人税の額は，法人税法が定める納税申告書（確定申告書，中間申告書）を法人が提出することにより確定します。

　　確定申告と中間申告の手続は，次のとおりです。

1）確定申告

　　法人は，原則として各事業年度終了の日の翌日から 2 か月以内に，株主総会などの承認を受けた決算（確定決算）に基づいて所得金額や法人税額等，法人税法に定められた事項を記載した確定申告書を作成し，これを納税地の所轄税務署長に提出しなければなりません。この手続を**確定申告**といいます。なお，確定申告書には貸借対照表，損益計算書などを添付しなければなりません。また，法人は，確定申告書に記載された法人税額を，その申告書の提出期限までに納付しなければなりません。

2）中間申告

　　事業年度が 6 か月を超える法人は，原則として事業年度開始の日以後 6 か月を経過した

日から2か月以内に**中間申告**を行い，それによって作成された中間申告書を納税地の所轄税務署長に提出しなければなりません。中間申告には，前年度実績を基準とする中間申告（通常「予定申告」といいます。）と仮決算に基づく中間申告の2種類があり，いずれかを選択することができます。なお，中間申告書を提出すべき法人がその中間申告書をその提出期限までに提出しなかった場合には，その申告期限において，前年度実績による中間申告（予定申告）があったものとみなされます。また，法人は，中間申告書に記載された法人税額を，その申告書の提出期限までに納付しなければなりません。

⑥　青色申告制度

　青色申告制度とは，法人税法の定めるところにしたがって一定の帳簿書類を備え付け，これに日々の取引を正確に記録し，所轄税務署長に青色申告の承認申請をして，その承認を受けた場合は，青色の申告書を提出することができる制度です。青色申告制度の趣旨は，納税者が帳簿組織を整備することにあります。法人税は申告納税方式の税金であるため，納税者が法人税法にしたがって所得金額と税額を正しく計算して申告し納税しなければなりません。そのためには，まずは納税者が帳簿組織を整備する必要があります。

　青色申告制度に基づいて青色の申告書を提出する法人は，次のような税法上の特典が認められています。

【法人税法上の特典】
・欠損金の繰越控除
・欠損金の繰戻しによる法人税の還付
・帳簿書類の調査に基づく更正
・更正通知書への理由付記
・推計による更正または決定の禁止
【租税特別措置法上の特典】
・特別償却または割増償却
・各種準備金等の積立額等の損金算入
・各種の法人税額の特別控除
・各種の所得の特別控除等
・中小企業者等の少額減価償却資産の取得価額の損金算入　など

Ⅲ　法人の利益と法人の課税所得

（1）法人税の全体像

　まず，法人税の全体像を示しておきます。財務省のパンフレットでは，法人税について次のように説明しています。

　法人税は，法人の企業活動により得られる所得に対して課される税です。法人の所得金額は，益金の額から損金の額を引いた金額となっています。益金の額とは，商品・製品などの販売による売上収入や，土地・建物の売却収入などで，また，損金の額とは，売上原価や販売費，災害等による損失など費用や損失に当たるものです。（実際は，下の図のように企業会計上の税引前当期利益を基礎に法人税法の規定に基づく所要の加算又は減算（税務調整）を行い，所得金額を算出します。）

　法人税額は，そうして得られた所得金額に税率をかけて税額控除額を差し引くことで算出します。

図表 12 − 2　法人税の全体像

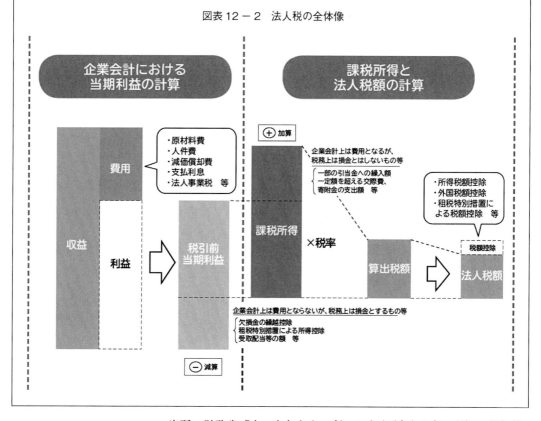

出所：財務省「もっと知りたい税のこと」（令和 3 年 6 月）一部加筆。

　「図表 12 − 2　法人税の全体像」の左側「企業会計における当期利益の計算」が財務会計の領域で，右側「課税所得と法人税額の計算」が税務会計の領域になります。したがって，法人税の税額を計算して申告し納税するためには，財務会計と税務会計という 2 つの会計の知識とスキルを身につける必要があります。

　財務会計の目的は，法人の財政状態及び経営成績を外部の利害関係者に開示することに

あります。これに対して，税務会計の目的は，法人の課税所得及び法人税額を算出することにあります。財務会計と税務会計は互いにその目的が異なります。具体的には，収益（益金）や費用（損金）など計算するルールが異なるので，財務会計上の利益と税務会計上の課税所得は必ずしも一致していません。そのため，税務会計は，財務会計上の利益と税務会計上の課税所得を調整する項目を扱います。

（2）法人の利益と法人の課税所得

　法人税法は，法人の確定した決算を基礎として確定申告書を作成しなければならないという**確定決算主義**を採用しています。つまり，法人の課税所得は，法人の確定した決算に基づく損益計算書に計上された当期純利益を出発点として，これに法人税法独自の調整を加えて算出します。そのため，法人の利益と法人の所得金額は同じではありません。

　法人の利益は，「一般に公正妥当と認められる会計処理の基準」にしたがって計算されます。つまり，法人の利益は，法人の事業活動によって獲得した収益から，その収益を獲得するための費用を差し引くことで求められます。これは，次の計算式で表わすことができます。

法人の利益＝収益の額－費用の額

　一方，法人の課税所得は，法人税法22条1項において「当該事業年度の益金の額から当該事業年度の損金の額を控除した金額とする」と定めています。これは，次の計算式で表わすことができます。

法人の課税所得＝益金の額－損金の額

　この場合の益金の額は，会計上の売上高や土地・建物の売却益などの収益の額にあたるもの，また損金の額は，会計上の売上原価，販売費及び一般管理費などの費用や災害等による損失の額にあたるものです。

　法人の収益の額及び費用の額は，「一般に公正妥当と認められる会計処理の基準」にしたがって計算されています。そのため，法人税法は，「一般に公正妥当と認められる会計処理の基準」にしたがって会計処理が行われていれば，収益の額を益金の額として，また費用及び損失の額を損金の額として認めています。しかし，法人税法は，課税の公平や適正な税負担のための調整などを目的とし，さらに産業政策上の目的を取り入れて，法人の課税所得の計算について定めています。そのため，法人税法は，各事業年度の所得の金額の計算の基本的な規定に対する例外規定として「別段の定め」を置いています。

　法人税法は，「一般に公正妥当と認められる会計処理の基準」にしたがった計算とは異なる「別段の定め」を置いているので，収益の額と益金の額で別段の定めがある場合にはその部分だけ両者の額が異なることになり，また費用及び損失の額と損金の額で別段の定

めがある場合にはその部分だけ両者の額が異なることになります。その結果，法人の利益
と法人の課税所得は一致しないことになります。

（3）税務調整

　法人が「一般に公正妥当と認められる会計処理の基準」にしたがって計算した利益は，
必ずしも法人税法に定める所得の計算規定にしたがって計算されているわけではありませ
ん。そのため，収益の額と益金の額，また費用及び損失の額と損金の額は，次のように一
致しない項目（申告調整事項）がでてきます。

---

　①　収益でないが，益金となるもの（益金算入項目）…当期純利益に加算（プラス）
　　　（例）売上高の計上もれ，圧縮積立金取崩額など
　②　費用であるが，損金でないもの（損金不算入項目）…当期純利益に加算（プラス）
　　　（例）交際費，寄附金など
　③　収益であるが，益金でないもの（益金不算入項目）…当期純利益から減算（マイナス）
　　　（例）受取配当金，法人税の還付金など
　④　費用でないが，損金となるもの（損金算入項目）…当期純利益から減算（マイナス）
　　　（例）売上原価計上もれ，所得の特別控除など

　法人の確定した決算に基づく損益計算書に計上された当期純利益を出発点として，これ
に法人税法の規定に基づく申告調整事項の加算（プラス）または減算（マイナス）を行い，
各事業年度の所得の金額を求めることになります。この調整を**税務調整**といいます。税務
調整には，決算調整と申告調整があります。

① 決算調整

　決算調整とは，課税所得の計算において損金の額に算入するために，法人がその確定し
た決算において費用または損失として会計処理することをいいます。決算調整事項は，決
算段階で会計処理するかどうかは法人の自由ですが，確定申告書の上だけで調整すること
は認められていません。具体的には，次のような事項があります。
　・減価償却資産の償却費の損金算入
　・一括償却資産の償却費の損金算入
　・繰延資産の償却費の損金算入
　・引当金繰入額の損金算入　など

② 申告調整

　申告調整とは，決算段階で調整する必要はなく，確定申告書の上だけで調整することを

図表 12 − 3　損益計算書と別表四※（所得金額の計算）の関係

損益計算書

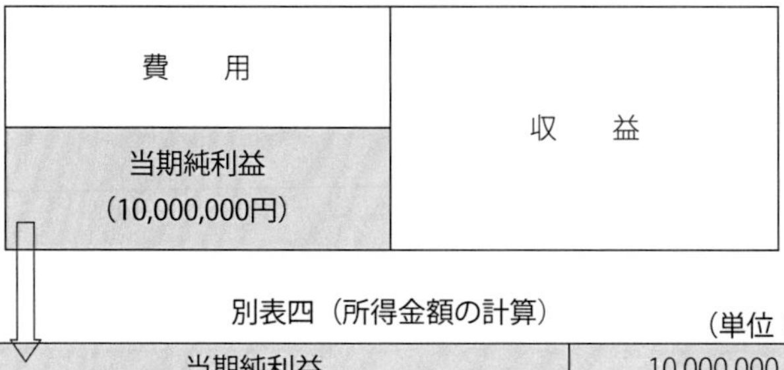

費　　　用	収　　　益
当期純利益 （10,000,000円）	

別表四（所得金額の計算）　　　　　（単位：円）

当期純利益		10,000,000
加 算	益金算入項目	1,000,000
	損金不算入項目	500,000
減 算	益金不算入項目	800,000
	損金算入項目	200,000
所 得 金 額		10,500,000

※別表四は，損益計算書に計上された当期純利益を基礎に，申告調整に
より所得金額を計算するために使用する明細書です。

出所：筆者作成

いいます。申告調整事項には，必須の申告調整事項と任意の申告調整事項があります。

１）必須の申告調整事項

　必須の申告調整事項は，法人の確定申告書において必ず調整しなければならない事項です。法人が申告調整していない場合には，所轄税務署長から更正または決定を受けます。具体的には，次のような事項があります。
　　・減価償却費の償却限度超過額の損金不算入
　　・過大役員給与の損金不算入
　　・法人税額等の損金不算入
　　・交際費等の損金不算入　など

２）任意の申告調整事項

　任意の申告調整事項は，法人が自ら確定申告書で調整を行った場合にのみ適用される事項です。具体的には，次のような事項があります。
　　・受取配当等の益金不算入
　　・災害による繰越欠損金の損金算入
　　・所得税額及び外国税額の税額控除　など

（4）税務会計を学ぶ必要性

　皆さんのなかには，簿記・会計を学んで会社の経理部門で働きたい，あるいは会計専門職として税理士，公認会計士，国税専門官になりたいという人もいるでしょう。確かに，簿記・会計を学ぶことによって，法人の財政状態や経営成績を外部の利害関係者に開示する財務諸表（貸借対照表，損益計算書，キャッシュ・フロー計算書）を作成するための知識とスキルを身につけることはできます。しかし，税金のことを全く考えることなく，経理部門で働くことや，税理士，公認会計士，国税専門官として業務を遂行することはできません。ということは，税務会計も学ぶ必要があるのです。

　そうはいっても，税務会計は，法人税法に基づいた会計です。つまり，税務会計の知識とスキルを修得するためには，財務会計や会計学の知識やスキルの修得はもちろんのこと，法人税法の知識も修得しなければなりません。その理由は，たとえ会計における利益，費用，損失，当期純利益の計算が正しくても，それが法人税法の規定に合っていなければ，法律上は正しくないからです。

📖 推薦図書

・成道秀雄監修，坂本雅士編著（2022）『現代税務会計論（第 5 版）』中央経済社。
・藤本清一，林幸一，増山裕一（2021）『これならわかる !! 税法の基本（11 訂版）』実教出版。
・三木義一編著（2022）『よくわかる税法入門（第 16 版）』有斐閣。

章末問題

1．法人の所得に対して法人税を課す根拠である法人税の考え方について説明しなさい。

2．法人税法が定める内国法人の納税義務の範囲と課税所得の範囲について説明しなさい。

3．次の資料に基づき，A 株式会社（資本金 2 億円）の課税所得の金額を計算しなさい。そして，A 株式会社の課税所得に基づいて法人税額を計算しなさい。

《資料》

当期純利益　15,000,000 円　損金不算入額　3,000,000 円　益金不算入額　1,300,000 円

益金算入額　1,100,000 円　損金算入額　3,500,000 円

第13章

監　査

財務諸表は「一般に公正妥当と認められる企業会計の基準」に基づいて作成及び開示されます。本章では，経営者によって作成された財務諸表の信頼性を担保する外部（公認会計士）監査について学修します。

到達目標

①監査の必要性について説明できる。
②公認会計士に求められる独立性について説明できる。
③公認会計士が実施する監査の種類について説明できる。

キーワード：適正性，二重責任の原則，信頼性，精神的独立性，
　　　　　　外観的独立性，財務諸表監査，内部統制監査，法定
　　　　　　監査，任意監査，監査報告書，無限定適正意見

Ⅰ 公認会計士が実施する監査の概要

　公認会計士が実施する監査は，経営者が作成した財務諸表が適正で信頼できるものであるかどうかについてお墨付きを与える仕事です。なぜ，このような仕事が必要なのか考えてみましょう。例えば，就職活動の際に提出する健康診断書が正しいかどうかについて，就職先から質問を受けることはないでしょう。健康診断書は，病院等の第三者が作成したものであり，そのことは書類を見れば一目瞭然だからです。この点，会社の経営成績や財政状態等の情報が記載された財務諸表は，企業自身が作成します。そのため，財務諸表の利用者には，経営者が結果をよく見せているのではないか，という疑問が生じます。この疑問を解消し，財務諸表の信頼性を担保するために，公認会計士による監査が必要になるのです。

　本章の登場人物及びそれぞれの役割・責任について整理すると以下のようになります。

経　　営　　者：適正な財務諸表を作成し開示する責任を有している
財務諸表利用者：経営者が作成した財務諸表を利用し，意思決定を行う
公 認 会 計 士：経営者の作成した財務諸表の**適正性**に対して**意見**を表明する

　ここで注目すべきは，経営者の責任（財務諸表作成責任）と公認会計士の責任（意見表明責任）が分担されているという点です。このような，責任分担のことを**二 重 責 任 の 原 則**（にじゅうせきにん）といいます。なお，二重責任の原則は，経営者と公認会計士の非協力的な関係を意味するものではなく，それぞれの責任を遂行することによって，適正な財務諸表を作成し，ディスクロージャー制度の目的を達成しようとするものです。監査の目的が示されている監査基準も二重責任の原則を前提としています。

（第一　監査の目的）
　財務諸表の監査の目的は，経営者の作成した財務諸表が，一般に公正妥当と認められる企業会計の基準に準拠して，企業の財政状態，経営成績及びキャッシュ・フローの状況をすべての重要な点において適正に表示しているかどうかについて，監査人が自ら入手した監査証拠に基づいて判断した結果を意見として表明することにある。
　財務諸表の表示が適正である旨の監査人の意見は，財務諸表には，全体として重要な虚偽の表示がないということについて，合理的な保証を得たとの監査人の判断を含んでいる。

> ### コラム COLUMN　外部監査と内部監査
>
>   監査には，企業外部の利害関係者を保護する目的で実施される**外部監査**と企業内部の者を保護する目的で実施される**内部監査**という2種類が存在します。このうち，外部監査は不特定多数の利害関係者を保護する必要があるため，監査の実施主体には厳格な条件が要求されます。本章で取り扱っている公認会計士が実施する監査は外部監査にあたります。ただし，公認会計士はその専門的能力を活かし，内部監査に関わることもあります。

Ⅱ　公認会計士ってどんな人？

　公認会計士の使命は，「**監査及び会計の専門家**として，**独立した立場**において，財務書類その他の財務に関する情報の**信頼性**を確保することにより，会社等の公正な事業活動，投資者及び債権者の保護等を図り，もつて国民経済の健全な発展に寄与すること」と公認会計士法の1条に定められています。ここで注目するのは監査及び会計の専門家という点と独立した立場という点です。

　監査及び会計の専門家という点ですが，経営者の作成した財務諸表には様々な**記録**，**慣習**及び**判断**が含まれています。そのため，経営者が作成した財務諸表が適正か判断するためには，会計に関する専門的な能力が必要になります。また，その適正性を確かめるための監査に関する専門能力も必要になります。近年，企業の取引は多種多様なものとなっており，その実態を適切に財務諸表利用者に提供するため，会計基準も複雑なものとなってきています。とりわけ，経営者の予測や判断を伴う会計処理が増加してきていることから，公認会計士は単にルールに基づき財務諸表が作成されているかだけではなく，経営者の判断が妥当なものなのかについても検討することが必要になります。

　次に，独立した立場（以下，**独立性**といいます）についてです。冒頭で述べたように，公認会計士が実施する監査は，財務諸表の信頼性についてお墨付きを与える仕事です。仮に監査を企業内部の人が行った場合はどうでしょう。財務諸表利用者は，会社内部の人がチェックしたものでは信頼することはできません。そのため，公認会計士は独立した第三者である必要があります。また，公認会計士は他の職業と異なり特殊な立ち位置で仕事を行っています。三大国家資格として公認会計士，医師，弁護士とありますが，この中で独立性が求められているのは公認会計士だけです。医師，弁護士については，患者または依頼人から報酬を得て，その人のために仕事を行います。一方で，公認会計士は財務諸表利用者のために監査を行いますが，報酬は監査を行う会社から受け取るという特徴があります[1]。このような特徴から，非常に高い独立性が求められます。

> **コラム COLUMN 公認会計士の活躍の場**
>
> 　公認会計士の活躍の場は，監査に限られたものではありません。その専門的能力や経験を活かしてコンサルティング業務を行ったり，税理士登録を行い税務というフィールドで活躍したりもします。その他にも組織内会計士，株式公開支援など様々なフィールドで活躍できる職業です。

Ⅲ 精神的独立性・外観的独立性

　経営者が作成した財務諸表を財務諸表利用者が信頼して利用するためには，独立性を有した公認会計士の監査が必要になることは前述しました。ここでは，独立性についてもう少し詳しく学修していきます。

　独立性は大きく2つの側面に分解することができます。ここでいう2つの側面とは，「心の独立性」と「見た目の独立性」です。監査論では，心の独立性のことを**精神的独立性**，見た目の独立性のことを**外観的独立性**と呼びます。

　精神的独立性は，以下のように定義されています。

（独立性に関する指針 6項1号）
　職業的専門家としての判断を危うくする影響を受けることなく，結論を表明できる精神状態を保ち，誠実に行動し，公正性と職業的懐疑心（かいぎしん）を堅持できること

　このように精神的独立性は公認会計士の心（精神状態）の独立性を規定するものです。この精神的独立性は，監査の根底を支える非常に重要なものとなっています。仮に，精神的独立性が保たれていない場合には，経営者からの不当な影響を受け，不適正な財務諸表に対して適正だと意見表明してしまうなどの問題が生じてしまいます。これでは，公認会計士が実施する監査が社会的に信用されなくなり，ディスクロージャー制度が崩壊してしまいます。

　このように，本来，財務諸表の信頼性にお墨付きを与える公認会計士が信頼できない財務諸表を信頼できるものとして，意見を表明するようなことがあれば制度の崩壊を招いてしまいます。よって，精神的独立性は非常に重要なものとなっています。

　次に外観的独立性については，以下のように定義されています。

---

1 ）　もちろん，会社も監査を受けることで円滑な事業活動を行えるなどのメリットがあります。

（独立性に関する指針 6 項 2 号）
　事情に精通し，合理的な判断を行うことができる第三者が，全ての具体的な事実と
状況を勘案し，会計事務所等又は監査業務チームの構成員の精神的独立性が堅持され
ていないと判断する状況にはないこと

　このように外観的独立性は，公認会計士の見た目の独立性（第三者から見ての独立性）を
規定するものです。例えば，経営者と金銭的な関係がある場合や，公認会計士と経営者が
親戚であるような場合に外観的独立性を害する要因となります。

　精神的独立性が堅持されていれば，公認会計士が誤った意見を表明することはありませ
ん。つまり，適切な監査が実施されると考えられます。それでは，なぜ精神的独立性に加
えて外観的独立性が求められるのでしょうか。外観的独立性が要求されている理由は大き
く以下の3つあります。

　①：外観的独立性の欠如は監査の信頼性に影響する
　②：外観的独立性の欠如は精神的独立性を阻害する要因となる
　③：外観的独立性は具体的な規制が可能

　まず，①についてです。財務諸表利用者が，公認会計士の独立性が堅持されていないと
判断するような状況では，いくら公認会計士が独立性に問題ないといっても，独立性につ
いて信用することはできません。この結果，公認会計士が実施する監査が信用されなくな
ってしまいます。

　よって，公認会計士による監査制度を成立させるために，外観的独立性は重要なものと
なります。

　次に，②についてです。前述したように，外観的独立性を害する要因としては，金銭的
な関係がある場合や身分的な関係がある場合があります。このような関係にある場合に
は，当然，職業的専門家としての判断を危うくする影響を受ける可能性が高まると考えら
れます。そのため，監査の根底を支える精神的独立性を阻害する要因を事前に排除すると
いう意味で外観的独立性は重要になります。

　最後に，③についてです。精神的独立性は，公認会計士の心の独立性を定めているもの
で，具体的なルールを定めて規制を行うことができません。一方で，外観的独立性につい
ては，金銭的な関係や身分的な関係に起因しているものですので，「〜な関係がある場合
には，監査を行ってはならない」等の具体的なルールを定めて規制することが可能です。
よって，このような規制を行い，独立性を担保するという意味で外観的独立性が重要とな
ります。

Ⅳ 公認会計士監査の種類

（1）財務諸表監査と内部統制監査

　公認会計士が実施する監査には**財務諸表監査**と**内部統制監査**の2つがあります。財務諸表監査では，経営者の作成した財務諸表の**適正性**について，**監査報告書**により意見を表明します。監査報告書における財務諸表が適正である旨の公認会計士の意見は，財務諸表に利用者の判断を誤らせるような**重要な虚偽 表 示**（財務諸表における誤り）が含まれていないことについて，**合理的な保証**を得たことを示します。ここで注意が必要な点は，公認会計士には虚偽表示のすべてを発見することは期待されていないこと，絶対的な保証ではないということです。これは，仮にすべての虚偽表示がないという絶対的な保証を行おうとした場合には，次のような問題が生じるからです。

・企業に負担しえない監査コストが発生する
・監査資源（人員や時間）は限られているため実施不可能
・財務諸表の性格上，絶対的な保証は不可能（判断には一定の幅が存在する）

　また，財務諸表利用者も意思決定に影響を与える虚偽表示について関心を持っていますが，些細な誤り等についての保証まで期待していないといえます。そのため，財務諸表監査における保証は，重要な虚偽表示を対象とした合理的な保証となっています。

　次に，内部統制監査では企業が作成した**内部統制報告書**の適正性について，**内部統制監査報告書**により意見を表明します。内部統制報告書は2008年に始まる事業年度から，上場会社に作成が義務づけられたものです。これは内部統制報告書の作成及び公認会計士による監査によって，経営者に適切な内部統制の整備・運用を促し，不正な財務報告を防止するための制度です。ここでいう**内部統制**とは，財務諸表を作成する過程で生じる誤謬や不正を防止・発見・是正するための仕組みを指します。例えば，以下のようなものが考えられます。

・担当者が起票した会計伝票を課長が確認し，問題なければ押印する
・子会社の作成した財務諸表の確認及び分析を実施する

（2）法定監査と任意監査

　公認会計士が実施する監査は，**法定監査**と**任意監査**の2つに分類することができます。法定監査とは，法律の求めに応じて実施される監査のことをいいます。法定監査の代表例としては，**金融商品取引法**が規定する監査（財務諸表監査，内部統制監査）及び**会社法**が規定する監査（計算書類の監査）があります。金融商品取引法に基づく監査は，主に上場会

社が対象であり，会社法に基づく監査は主に大会社を対象としています。法定監査の対象となるような会社は利害関係者が多数存在し，経営者の作成する財務諸表（または計算書類）が非常に大きな影響を与えます。そのため，法律によって監査が要請されています。一方で，任意監査は法律に基づかず実施される監査のことをいいます。監査を受けることで財務諸表の信頼性が担保され，会社は円滑な事業活動が実施できるようになります。このようなメリットが存在するため，必要に応じて任意監査が実施されます。

Ⅴ 監査報告書について

　公認会計士が実施した監査の結果は，**監査報告書**によって情報提供されます。財務諸表利用者は，この監査報告書を確認することによって，財務諸表が信頼に足るものなのか判断することができます。監査報告書に記載される意見の類型としては，次のものがあります。

・**無限定適正意見**
・**限定付適正意見**（意見に関する除外事項）
・**限定付適正意見**（監査範囲の制約に関する除外事項）
・**不適正意見**
・**意見不表明**

　経営者は誤った財務諸表を作成し，開示することも考えられます。そのため，監査を実施した結果，財務諸表が適正であると意見表明するとは限りません。また，監査を完了するのに弊害が生じる可能性も存在します。例えば，監査に必要な情報の提供が拒まれる場合等がこれに該当します。そのため，上記のような複数の意見の類型が存在します。

　これらの意見は，財務諸表に存在する虚偽表示の重要性と影響の広範性，及び適正かどうか判断するために必要な証拠を入手できなかったことの重要性と影響の広範性によって使い分けられます。以上をまとめると図表13 − 1 のようになります。

図表13 − 1 　監査意見の判断

	なし （重要性なし）	重要	
		非広範	広範
虚偽表示	無限定適正意見	限定付適正意見	不適正意見
証拠の未入手		限定付適正意見	意見不表明

出所；筆者作成

独立監査人の監査報告書

×年×月×日

〇〇株式会社
　取締役会御中

　　　　　　　　　　　　　　〇〇監査法人
　　　　　　　　　　　　　　〇〇事務所
　　　　　　　　　　　　　　　指定社員
　　　　　　　　　　　　　　　業務執行社員　　公認会計士〇〇〇〇
　　　　　　　　　　　　　　　指定社員
　　　　　　　　　　　　　　　業務執行社員　　公認会計士〇〇〇〇

監査意見

　当監査法人は、金融商品取引法第193条の2第1項の規定に基づく監査証明を行うため、「経理の状況」に掲げられている〇〇株式会社の×年×月×日から×年×月×日までの連結会計年度の連結財務諸表、すなわち、連結貸借対照表、連結損益計算書、連結包括利益計算書、連結株主資本等変動計算書、連結キャッシュ・フロー計算書、連結財務諸表作成のための基本となる重要な事項、その他の注記及び連結附属明細表について監査を行った。

　当監査法人は、上記の連結財務諸表が、我が国において一般に公正妥当と認められる企業会計の基準に準拠して、〇〇株式会社及び連結子会社の×年×月×日現在の財政状態並びに同日をもって終了する連結会計年度の経営成績及びキャッシュ・フローの状況を、全ての重要な点において適正に表示しているものと認める。

監査意見の根拠

　当監査法人は、我が国において一般に公正妥当と認められる監査の基準に準拠して監査を行った。監査の基準における当監査法人の責任は、「連結財務諸表監査における監査人の責任」に記載されている。当監査法人は、我が国における職業倫理に関する規定に従って、会社及び連結子会社から独立しており、また、監査人としてのその他の倫理上の責任を果たしている。当監査法人は、意見表明の基礎となる十分かつ適切な監査証拠を入手したと判断している。

監査上の主要な検討事項

　監査上の主要な検討事項とは、当連結会計年度の連結財務諸表の監査において、監査人が職業的専門家として特に重要であると判断した事項である。監査上の主要な検討事項は、連結財務諸表全体に対する監査の実施過程及び監査意見の形成において対応した事項であり、当監査法人は、当該事項に対して個別に意見を表明するものではない。

　〔監基報701に従った監査上の主要な検討事項の記載例
　　（表形式にする場合の記載例）

〇〇〇〇（監査上の主要な検討事項の見出し及び該当する場合には連結財務諸表の注記事項への参照）	
監査上の主要な検討事項の内容及び決定理由	監査上の対応
・・・・・・（監査上の主要な検討事項の内容及び決定理由の内容を記載する）・・・・・・。	・・・・・・（監査上の対応を記載する）・・・・・・。

　〕

その他の記載内容

　その他の記載内容は、有価証券報告書に含まれる情報のうち、連結財務諸表及び財務諸表並びにこれらの監査報告書以外の情報である。経営者の責任は、その他の記載内容を作成し開示することにある。また、監査役及び監査役会の責任は、その他の記載内容の報告プロセスの整備及び運用における取締役の職務の執行を監視することにある。

　当監査法人の連結財務諸表に対する監査意見の対象にはその他の記載内容は含まれておらず、当監査法人はその他の記載内容に対して意見を表明するものではない。

　連結財務諸表監査における当監査法人の責任は、その他の記載内容を通読し、通読の過程において、その他の記載内容と連結財務諸表又は当監査法人が監査の過程で得た知識との間に重要な相違があるかどうか検討すること、また、そのような重要な相違以外にその他の記載内容に重要な誤りの兆候があるかどうか注意を払うことにある。

　当監査法人は、実施した作業に基づき、その他の記載内容に重要な誤りがあると判断した場合には、その事実を報告することが求められている。

　その他の記載内容に関して、当監査法人が報告すべき事項はない。

連結財務諸表に対する経営者並びに監査役及び監査役会の責任

　経営者の責任は、我が国において一般に公正妥当と認められる企業会計の基準に準拠して連結財務諸表を作成し適正に表示することにある。これには、不正又は誤謬による重要な虚偽表示のない連結財務諸表を作成し適正に表示するために経営者が必要と判断した内部統制を整備及び運用することが含まれる。

　連結財務諸表を作成するに当たり、経営者は、継続企業の前提に基づき連結財務諸表を作成することが適切であるかどうかを評価し、我が国において一般に公正妥当と認められる企業会計の基準に基づいて継続企業に関する事項を開示する必要がある場合には当該事項を開示する責任がある。

　監査役及び監査役会の責任は、財務報告プロセスの整備及び運用における取締役の職務の執行を監視することにある。

連結財務諸表監査における監査人の責任

　監査人の責任は、監査人が実施した監査に基づいて、全体としての連結財務諸表に不正又は誤謬による重要な虚偽表示がないかどうかについて合理的な保証を得て、監査報告書において独立の立場から連結財務諸表に対する意見を表明することにある。虚偽表示は、不正又は誤謬により発生する可能性があり、個別に又は集計すると、連結財務諸表の利用者の意思決定に影響を与えると合理的に見込まれる場合に、重要性があると判断される。

　監査人は、我が国において一般に公正妥当と認められる監査の基準に従って、監査の過程を通じて、職業的専門家としての判断を行い、職業的懐疑心を保持して以下を実施する。

・　不正又は誤謬による重要な虚偽表示リスクを識別し、評価する。また、重要な虚偽表示リスクに対応した監査手続を立案し、実施する。監査手続の選択及び適用は監査人の判断による。さらに、意見表明の基礎となる十分かつ適切な監査証拠を入手する。

・　連結財務諸表監査の目的は、内部統制の有効性について意見表明するためのものではないが、監査人は、リスク評価の実施に際して、状況に応じた適切な監査手続を立案するために、監査に関連する内部統制を検討する。

・　経営者が採用した会計方針及びその適用方法の適切性、並びに経営者によって行われた会計上の見積りの合理性及び関連する注記事項の妥当性を評価する。

・　経営者が継続企業を前提として連結財務諸表を作成することが適切であるかどうか、また、入手した監査証拠に基づき、継続企業の前提に重要な疑義を生じさせるような事象又は状況に関して重要な不確実性が認められるかどうか結論付ける。継続企業の前提に関する重要な不確実性が認められる場合は、監査報告書において連結財務諸表の注記事項に注意を喚起すること、又は重要な不確実性に関する連結財務諸表の注記事項が適切でない場合は、連結財務諸表に対して除外事項付意見を表明することが求められている。監査人の結論は、監査報告書日までに入手した監査証拠に基づいているが、将来の事象や状況により、企業は継続企業として存続できなくなる可能性がある。

- 連結財務諸表の表示及び注記事項が、我が国において一般に公正妥当と認められる企業会計の基準に準拠しているかどうかとともに、関連する注記事項を含めた連結財務諸表の表示、構成及び内容、並びに連結財務諸表が基礎となる取引や会計事象を適正に表示しているかどうかを評価する。
- 連結財務諸表に対する意見を表明するために、会社及び連結子会社の財務情報に関する十分かつ適切な監査証拠を入手する。監査人は、連結財務諸表の監査に関する指示、監督及び実施に関して責任がある。監査人は、単独で監査意見に対して責任を負う。監査人は、監査役及び監査役会に対して、計画した監査の範囲とその実施時期、監査の実施過程で識別した内部統制の重要な不備を含む監査上の重要な発見事項、及び監査の基準で求められているその他の事項について報告を行う。

　監査人は、監査役及び監査役会に対して、独立性についての我が国における職業倫理に関する規定を遵守したこと、並びに監査人の独立性に影響を与えると合理的に考えられる事項、及び阻害要因を除去又は軽減するためにセーフガードを講じている場合はその内容について報告を行う。

　監査人は、監査役及び監査役会と協議した事項のうち、当連結会計年度の連結財務諸表の監査で特に重要であると判断した事項を監査上の主要な検討事項と決定し、監査報告書において記載する。ただし、法令等により当該事項の公表が禁止されている場合や、極めて限定的ではあるが、監査報告書において報告することにより生じる不利益が公共の利益を上回ると合理的に見込まれるため、監査人が報告すべきでないと判断した場合は、当該事項を記載しない。

利害関係

　会社及び連結子会社と当監査法人又は業務執行社員との間には、公認会計士法の規定により記載すべき利害関係はない。

以　上

出所：監査・保証実務委員会実務指針第85号「監査報告書の文例」より。

📖 推薦図書

・伊豫田隆俊，松本祥尚，林隆敏（2019）『ベーシック監査論（8訂版）』同文舘出版。
・盛田良久，百合野正博，朴大栄（2020）『はじめてまなぶ監査論（第2版）』中央経済社。
・吉見宏（2013）『ライブラリケースブック会計学 ケースブック監査論（第5版）』新世社。

章末問題

1．監査の必要性について説明しなさい。

2．二重責任の原則について説明しなさい。

3．公認会計士に求められる独立性について説明しなさい。

4．監査を要請している法律を2つ答えなさい。

第 **14** 章

国際会計

現在，会計基準の国際的収斂が進行しています。この会計基準の国際的収斂が注目された背景，日本における国際会計基準を巡る動向，国際会計基準審議会（IASB）が設定する国際財務報告基準（IFRS）の特徴等から，国際会計基準の理解を深めます。

到達目標

①会計のグローバル化がなぜ生じているのか説明することができる。

②日本における国際会計基準を巡る動向について説明することができる。

③概念フレームワークについて説明することができる。

キーワード：IASB，IFRS，アドプション，コンバージェンス，
会計ビッグ・バン，ASBJ，概念フレームワーク，
帰納的アプローチ，演繹的アプローチ，原則主義，
細則主義

Ⅰ 企業のグローバル化

　現在，企業活動はグローバルに発展し，海外現地法人なども多数に上る時代を迎えています。また，限りある経営資源を有効活用するため，事業の「選択と集中」を戦略の軸とし，事業の売却や買収等，M&A戦略が活発に行われています。また生産，販売，財務など，そのすべての活動を2ヶ国以上にまたがって営む，いわゆる国際企業も急速に発展しています。

　企業活動のグローバル化により，企業は，企業グループの業績管理のために，また最適な事業ポートフォリオおよび資金調達などの経営戦略をたてるために，国際的視点から判断し，意思決定をしていかなければなりません。

　以上のように，現在，グローバル・マネジメントやグローバルな資金調達及び運用のニーズ，重要性が高まっています。このような企業活動のグローバル化は，その後も一層進展する傾向を示しており，近年，グローバルに事業展開を行う大企業の経済力は，中堅規模の国家のGDPを上回るようになっているといわれています。例えば2004年にトヨタの売上高はタイのGDP（GDPランキング32位）を上回っています。

Ⅱ 会計基準のグローバル化

　企業活動のグローバル化が進展した場合，それぞれの国や地域で，企業会計の基準やルールに違いがあると，様々な問題が生じることになります。海外子会社や関連会社を連結する場合，海外への投資やM&A戦略を検討する場合，海外での資金調達や資金運用を行う際に，会計基準や会計実務に相違があると，たとえば，会計基準が異なることで，企業のもうけを表す「利益」の額が異なるなど，不都合が生じます。

　そのために，各国の会計基準を統一しようとする動きが活発になりました。会計基準に関しては，20世紀まで1国1ルールともいえる状況でしたが，欧州連合（EU：European Union）の通貨経済統合などを経て，まず欧州諸国で統一が果たされました。一方で，大きな証券市場を有するアメリカと日本はもともと自国の会計基準が高度に発達していたこともあり，いまだに独自の会計ルールを自国の証券市場に適用しています。

　この欧州諸国で統一された会計基準は，イギリスのロンドンに本部がおかれる民間機関である**国際会計基準審議会**（IASB：International Accounting Standards Board）を中心に検討が行われ，**国際会計基準**（IAS：International Accounting Standards），**国際財務報告基準**（IFRS：International Financial Reporting Standards）として公表されました。これらIASとIFRSを合わせて，国際会計基準またはIFRS（イファースまたはアイファース）といいます。

Ⅲ　会計基準の国際的統一の方法

　各国には様々な事情があり，会計基準の国際的統一に向けての事情は異なります。自国に会計基準がない国はそのまま国際会計基準を導入すれば，基準作成の時間やコストの節約になります。しかしそうでない国は，自国の会計基準と国際会計基準に相違があれば，企業が計算する利益額が大きく変わる可能性があります。

　この会計基準の国際的統一の方法には，大きく分けて2つの方法があります。**アドプション**（採用：adoption）と**コンバージェンス**（収斂：convergence）です。

図表 14 - 1　アドプションとコンバージェンス

	アドプション	コンバージェンス
方法	国際会計基準そのものを採用すること。	自国の会計基準を改定して国際会計基準に近づけること。
メリット	グローバルな基準を採用することで，企業の資金調達が全世界で可能となる。	自国の事情を考慮した会計基準の設定が可能となる（会社法や税法，自国の経営実態や商慣習など）。
デメリット	国際会計基準設定に自国メンバーが入らなければ，他国主導で会計基準が作成され，自国への配慮が不十分な基準であっても受け入れざるを得ない状況となる。	常に自国の会計基準の見直し，改訂が必要となり，時間やコストが非常にかかる。自国の財務諸表がグローバル市場から信頼を得られない可能性がある。

出所；筆者作成

Ⅳ　日本における国際会計基準を巡る動向

（1）会計ビッグ・バンと国際標準の会計基準の設定

　1990 年のバブル崩壊以降，急激な株価の下落と企業活動の低迷により金融・証券市場が衰退すると，1996 年に橋本龍太郎首相（当時）は「わが国金融システムの改革〜2001

年東京市場の再生に向けて」と題する金融システム改革構想（いわゆる「金融ビッグ・バン」）を発表しました。この構想は，「フリー（市場原理に基づく自由な市場）」，「フェアー（透明で公正な市場）」，「グローバル（国際的で先端的な市場）」という 3 つの柱を元に進められることになりました。

　このバブル崩壊に伴い，金融商品の時価の下落や，金融機関に生じた不良債権等が財務諸表に適正に開示されていないといった企業への批判が沸き上がりました。これを受けて，1997 年以降，国際市場で受け入れられる会計制度の構築に向けて大改革が進められました。これが「**会計ビッグ・バン**」と呼ばれるもので，「透明性の高いディスクロージャー」，「国際標準の会計基準への調和」，「国際的に比較可能な財務諸表の確保」の 3 つが目的とされました。会計ビッグ・バンは，当時の会計基準設定主体であった企業会計審議会が中心となり，①個別決算中心から連結決算重視，②金融資産への時価評価の導入，③（連結）キャッシュ・フロー計算書の制度化，を中心に進められました。

（2）企業会計基準委員会の設置と同等性評価

　これまで日本の会計基準設定主体は，当時の政府・大蔵省（現在の金融庁）の内部機関である企業会計基準審議会でした。しかし，IASB の誕生をきっかけに，日本においても民間団体による会計基準設定主体の設立が求められました。そこで 2001 年に財務会計基準機構（FASF：Financial Accounting Standards Foundation）が設立され，その内部機関として**企業会計基準委員会（ASBJ：Accounting Standards Board of Japan）**が設置され，民間団体が日本の会計基準の設定主体となりました。この ASBJ に求められた役割は，①国内の会計基準の設定および整備，②会計基準の国際的収斂への対応，です。

　しかし，2004 年に IASB の Tweedie 議長（当時）は，「日本は世界で最も不透明な財務報告制度を持つ国の 1 つであり，日本の企業が他の国において上場することは困難である」と述べ，会計基準の国際的収斂への日本の対応に対して苦言を呈しました。そして 2005 年，EU のヨーロッパ証券規制当局委員会（CESR：Committee on European Securities Regulators）は「特定第三国の公正なる会計基準の同等性及び財務情報の法執行に関する特定第三国のメカニズムの記述に関する技術的助言」を公表しました。これは**同等性評価**と呼ばれるものであり，市場で IFRS 以外の会計基準で作成された財務諸表を認めるかどうか判断する為に，IFRS 以外の会計基準が IFRS と同等の内容のものかどうかを評価したものです。ここでは，日本・米国・カナダの会計基準は IFRS と全体として同等であることを認められました。しかし，各国の会計基準にはそれぞれ 26 項目・19 項目・14 項目の重要な差異があるとし，その重要性に応じて補完計算書（IFRS で仮定計算した場合の要約財務諸表），開示 B（IFRS に準拠して処理した場合の定量的影響（損益又は株主持分への税引前後の影響））及び開示 A の補完措置（自国基準による開示を補強する定性的・定量的情報）を取ることが要求されました。

（3）東京合意とコンバージェンスのロードマップ

2006 年 1 月，同等性評価の結果を受けて ASBJ は「日本基準と国際会計基準とのコンバージェンスへの取組みについて─ CESR の同等性評価に関する技術的助言を踏まえて─」を公表し，CESR から指摘された 26 項目の 2008 年時点におけるコンバージェンスの達成状況の見通しを整理しました。さらに，2006 年 10 月には「プロジェクト計画表」を公表し，2007 年末までの作業計画を四半期ごとに明らかにするとともに，2008 年年初における達成状況の見通しを更新しました。

2007 年 8 月，IASB と ASBJ が，「会計基準のコンバージェンスの加速化に向けた取組への合意」（いわゆる**東京合意**）を公表しました。この合意では，CESR から指摘された 26 項目については 2008 年までに解消又は会計基準が代替可能となるような結論を得るものとし，残りの差異については 2011 年 6 月 30 日までにコンバージェンスを達成することを表明したものです。この東京合意は，いわば日本の会計基準が実質的に IFRS へ歩み寄ることを表明したものと考えられます。

こうした取り組みが評価され，2008 年 12 月，日本の会計基準は EU で採用されている IFRS と同等であると認められることを欧州委員会（EC：European Commission）は発表しました。

（4）アドプションを巡る動き

日本ではコンバージェンスとは別に，IFRS を日本企業にアドプション（採用）するかどうかについても検討が進められています。2009 年 6 月に企業会計審議会は「我が国における国際会計基準の取扱いについて（中間報告）」を公表しました。ここでは，今後もコンバージェンスに向けた動きを継続・加速化させる一方で，2010 年 3 月期から一部の上場企業の連結財務諸表に対し IFRS を任意適用して財務報告を行うことを決めました。さらに，2012 年をめどに IFRS を日本企業に強制適用するかどうかの判断を行うかどうかのロードマップも出されています。しかし，国内産業界からの慎重意見，東日本大震災の発生などにより，現在，アドプションの判断は見送られている状況です。

併せて，2012 年 7 月，企業会計審議会から「国際会計基準（IFRS）への対応のあり方についてのこれまでの議論（中間的論点整理）」が公表され，今後も主体的なコンバージェンスを行っていくとされた一方，IFRS 適用に関しては「任意適用の積み上げを図りつつ，我が国の経済や制度への影響を十分に考慮する」とされました。さらに，2013 年 6 月に公表された「国際会計基準（IFRS）への対応のあり方に関する当面の方針」では，IFRS の強制適用に関して「未だその判断をすべき状況にないものと考えられる」と述べられています。

しかし，これらのことは日本が IFRS に関して消極的になったことを意味するものではありません。近年では，IFRS すべての基準を採用するのではなく，その中から一定の判

断のもとに一部を削除・修正（カーブアウト）した基準を適用するという「**エンドースメント・アプローチ**（自国の基準にIFRSを取り込む方法）が提案されたりと，IFRS策定に関して積極的な姿勢がみられます。

現在，日本ではIFRSの任意適用が認められており，任意に適用する企業が採用するIFRSは「**指定国際会計基準**（国際会計基準と企業会計基準委員会による修正会計基準によって構成される会計基準）（JMIS：Japan's Modified International Standards：Accounting Standards Comprising IFRSs and the ASBJ Modifications）」として公表されています。

コラム COLUMN　IFRS 適用企業について

日本では，2010年からIFRSが任意適用され，現在200社以上の企業がIFRSを適用（適用決定含む）しています（2021年8月現在）。IFRS適用予定企業も含めると，それら企業の時価総額は東証上場企業の時価総額の40%を超えています。当初は，IFRS適用企業の多くが大企業に集中していましたが，最近では業種・規模を問わず幅広くIFRS適用企業が増加しています。

Ⅴ　概念フレームワークについて

（1）概念フレームワークとは

概念フレームワークとは，国際会計基準委員会（IASC：International Accounting Standards Committee）が1989年7月に公表した「財務諸表の作成及び表示に関する枠組み」（Framework for the Preparation and Presentation of Financial Statements）」（2001年4月にIASBで承認）を2010年9月に一部差し換えた「財務報告のための概念フレームワーク2010」のことを指します。なお，フレームワークとは「枠組み」のことです。

概念フレームワークは，IFRSを適用する際，または監査人がIFRSに準拠している財務諸表かどうかについて監査する際に役立つものとされます。つまり概念フレームワーク

図表14-2　概念フレームワークとは

	前身	現在
設定主体	IASC（国際会計基準委員会）	IASB（国際会計基準審議会）
	↓	↓
解釈指針 基　準	IAS（国際会計基準）	IFRS（国際財務報告基準）
	↑	↑
概念フレームワーク		

出所：筆者作成

は IFRS ではないということです。また，概念フレームワークと IFRS が一致しない場合
は，IFRS の規定が優先されることになっています。

（2）帰納的アプローチと演繹的アプローチ

　会計基準の設定方法には，**帰納的アプローチ**と**演繹的アプローチ**があります。帰納的ア
プローチとは，会計実務で行われている会計処理方法を観察し，その中から一般的または
共通的なものを抽出することによって会計基準を設定する方法をいいます。一方，演繹的
アプローチとは，会計の前提となる目的や基礎概念を最初に規定し，それらとうまく首尾
一貫するように具体的な会計処理のルールを導き出す方法をいいます。

　IASC は概念フレームワークを基礎概念として，演繹的アプローチによる IFRS の設定
を進めています。

図表 14 － 3　帰納的アプローチと演繹的アプローチ

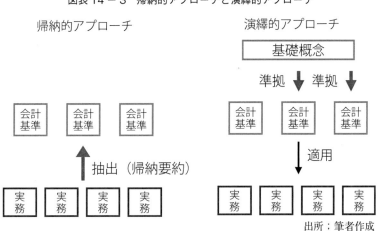

出所：筆者作成

（3）原則主義と細則主義

　会計処理には，**原則主義**（プリンシプル・ベース）と**細則主義**（ルール・ベース）の 2 つが
あります。簡単な例で説明すると，例えば，「正しく生きなければなりません」という原
則のみを提示するのが原則主義で，「嘘をついてはいけません」「人の物を盗んではいけま
せん」「人と喧嘩をしてはいけません」等，正しく生きるための一つ一つ具体的な細かい
ルールを設けるのが細則主義の考え方です。原則主義では，自由が大きい反面，原則に則
っていることを自ら説明できなければなりません。細則主義では，ルールに従っていれば
良いとされますが，ルールの抜け道を見つけることが可能とも言えます。

　一般的に，IFRS は「原則主義」であると言われています。IFRS は考え方の基となる
原則・原理のみを示し，具体的な数値基準や判断基準を定めないという方針を採用してい
ます。

　一方，現行の日米の会計基準は「細則主義」を採用していると言われています。原則主義とは対照的に，詳細な判断基準や，判断の目安としての数値基準が記述されています。

　IFRSが原則主義である理由としては，IFRSは世界各国で適用されることを前提として作られた会計基準であるからです。各国の法制度が異なっても，支障なく会計基準を機能させるために，原則的なルールのみ設定しているのです。

図表14－4　原則主義と細則主義

	原則主義（IFRS）	細則主義（日本基準）
メリット	・実態をより反映した財務諸表を作成できる。 ・財務諸表の有効性を高める上で有効。	・会計基準に沿って会計処理を行えば，ほぼ機械的に財務諸表を作成できる。 ・経営者による会計基準の解釈の余地がなく，一定の質の財務諸表が作成できる。
デメリット	・経営者が会計処理に関する判断や説明責任を負う。 ・注記情報が膨大になるため，作成する労力を要する。 ・詳細な注記情報まで読まないと実態を把握しにくい。	・あらゆる事象や取引を会計基準に反映することは現実的に不可能。 ・会計基準の抜け道ができてしまうため，不正に悪用される可能性が高くなる。

出所；筆者作成

（4）概念フレームワークの構成

　現在，概念フレームワークは以下の構成となっています。本書においては，以下，第1章，第2章について説明します。

図表14－5　「財務報告に関する概念フレームワーク」の構成

第1章	一般目的財務報告の目的
第2章	有用な財務情報の質的特性
第3章	財務諸表と報告企業
第4章	財務諸表の構成要素
第5章	認識及び認識の中止
第6章	測定
第7章	表示と開示
第8章	資本および資本維持の概念

出所；筆者作成

　IASBの概念フレームワークでは，これまで伝統的に用いられてきた収益費用観に代わり，資産負債観に基づく財務会計の基礎概念への変更が強調されてきましたが，現在，収益費用観および資産負債観の対立関係に変化が生じ，新しい会計観が生まれています。IFRSを設定する際の会計観における財務会計の基礎概念は，図表14－6のとおりです。

図表 14 − 6　財務会計における基礎概念の変化

	収益費用観	資産負債観	新しい会計観
基礎概念	収益および費用	資産および負債	資産・負債・持分・収益・費用
測　　定	取得原価主義	公正価値測定	混合測定（取得原価と現在価値）
業績評価	当期純利益	包括利益	包括利益・当期純利益

出所；筆者作成

① 　第 1 章：一般目的財務報告の目的

Ⅰ）一般財務報告の目的

　　一般財務報告の目的は，概念フレームワークの基礎を形成するもので，「現在および将来の投資者，貸付者，その他の債権者に対して，報告企業への資源提供についての意思決定に役立つような，報告企業に関する財務情報を提供すること」と述べられています。

Ⅱ）主たる利用者

　一般目的財務報告の主たる利用者は，現在および将来の投資者，貸付者およびその他の債権者とされています。一般目的の財務報告は，これら利用者に対して，①報告企業の経済的資源や報告企業に対する請求権についての情報，②報告企業の経済的資源や請求権を変動させる取引その他の事象の影響についての情報を提供し，これら両方の情報は，企業へ資源を提供する際の意思決定において，有用な情報となります。①における「経済的資源と請求権」に関する情報は，報告企業の財政状態（financial position）を指し，②における「経済的資源や請求権の変動」に関する情報は，報告企業の財務業績（financial performance）を指します。

② 　第 2 章：有用な財務情報の質的特性

　　有用な財務情報の質的特性（qualitative characteristics of useful financial information）とは，主たる利用者が財務情報に基づいて報告企業について意思決定を行う上で，最も有用と考えられる情報の種類を特定するものです。つまり，情報利用者が意思決定を行う場合に，そこで用いられる情報が有用であるかどうかを判断するための規準，という意味です。有用な財務情報の質的特性は，基本的質的特性（Fundamental Qualitative Characteristics）と補強的質的特性（Enhancing Qualitative Characteristics）に分けて説明されます。

Ⅰ）基本的質的特性

　　基本的質的特性は，財務情報が意思決定に有用であるために備えるべき特性で，目的適合性と表現の忠実性から説明されます。

　　目的適合性とは，財務情報が有用であるためには，利用者の要求に適合するものでなければならないとするものです。財務情報が目的適合的であるには，財務情報が予測価値

図表 14 － 7　有用な財務情報の質的特性

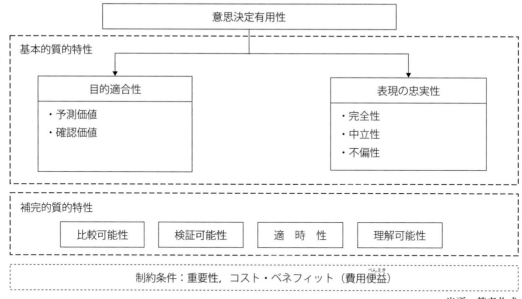

出所：筆者作成

（情報利用者に過去，現在または未来の事象を評価させる情報の特性）と確認価値（情報利用者に過去の評価を確認または訂正させる情報の特性。フィードバック価値ともいう）あるいはその両方を備えていなければなりません。

　表現の忠実性は，**完全性**，**中立性**，**不偏性**に支えられています。完全性とは，経済事象を忠実に表現するために必要な情報が全て提供されていることをいい，中立性とは，特定の行動や結果を導くバイアス（かたより）が存在しないことをいいます。不確実性が存在するので完全に誤謬（意図的でない誤り）をなくすことは困難ですが，完全性と中立性を実現するには適切なインプットでなければなりません。不偏性とは，それぞれのインプットが最善かつ利用可能な情報を反映していることを示しています。

Ⅱ）補完的質的特性

　財務情報が基本的質的特性に加え，**補完的質的特性**を備えている場合，財務情報の有用性はさらに高まります。補完的質的特性は，比較できること（**比較可能性**），検証できること（**検証可能性**），適時であること（**適時性**），理解できるものであること（**理解可能性**）からなります。

📖 推薦図書

・平松一夫監修（2020）『IFRS 国際会計基準の基礎（第 6 版）』中央経済社。
・向伊知郎（2019）『ベーシック国際会計（第 2 版）』中央経済社。

章末問題

1．企業が IFRS により財務諸表を作成することの意味について説明しなさい。

2．会計基準の国際的統一についての 2 つの方法について，それぞれのメリットとデメリットを説明しなさい。

3．原則主義と細則主義について，IFRS と日本基準がどちらの主義であるかを明確にし，それぞれのメリットとデメリットを説明しなさい。

4．有用な財務情報の質的特性について，空欄の語句を答えなさい。

① （ a ）は，情報が有用であるために備えるべき特性で，（ b ）と（ c ）の 2 つの特性から成り立つ。

② （ b ）は，財務情報が有用であるためには，利用者の要求に適合するものでなければならないとするものである。財務情報が目的適合的であるには，財務情報が（ d ）と（ e ）あるいはその両方を備えておく必要がある。

③ （ c ）とは，財務情報が表現しようとする現象を忠実に表現しなければならないとするものである。これは，（ f ），（ g ），（ h ）に支えられている。

貨幣の時間的価値

貨幣の時間的価値の概念を学修します。期間を限定した事業プロジェクトの現在価値 PV を，DFC 法を用い，フリー・キャッシュ・フローを加重平均資本コスト（WACC）で割り引いて各期の PV の合計から計算し，さらに事業プロジェクトの正味現在価値（NPV）を計算し，事業プロジェクトを実施するかどうかの判断を行います。

到達目標

①将来価値と現在価値を理解する。
②期間を限定したプロジェクトの事業価値が計算できる。

キーワード：PV，DCF 法，NPV，WACC

Ⅰ 貨幣の時間価値

（1）将来価値

　あなたは今100万円もらうのと，1年後に100万円もらうのを選べるとしたらどちらを選びますか。

　今の100万円を選ぶのではないでしょうか。どうして今の100万円を選んだのでしょうか。1年という時間を待たずに済むところが決め手になったのではないでしょうか。

　貨幣の時間的価値について考えてみましょう。

　銀行預金の預金利率が仮に1％だとします。今100万円もらって，銀行に預けると1年後には元本と利子の合計はいくらでしょうか。

　1年後には，100万円に0.01を掛けた利子を受け取ることができます。元本の100万円と受け取ることができる利子の合計は101万円です。式で書くと次のようになります。

$$100 + 100 \times 0.01 = 100 \times (1 + 0.01) = 101 \ （万円）$$

　これは，現在の100万円の1年後の価値，つまり**将来価値**を計算したことになります。

　では，現在の100万円の2年後の将来価値はどうでしょうか。銀行に預けた100万円は1年後に101万円になります。その101万円を同じ預金利率でさらにもう1年預けるときは，101万円に（1 + 0.01）をかけて将来価値を計算します。式で書くと次のようになります。

$$100 \times (1 + 0.01) \times (1 + 0.01) = 100 \times (1 + 0.01)^2 = 102.01 \ （万円）$$

　このように1年後の元利合計に利率をかける金利の計算方法を**複利**と呼びます。1年後の元本部分にのみ利率をかける場合の利率は単利といいます。単利はファイナンスではあまり使われませんので，以後は複利の場合について考えます。

　将来価値の一般形は次のように表すことができます。

　利子率rが一定の時の銀行に預けたXの元本のn年後の将来価値

$$将来価値 = X \times (1 + r)^n$$

　複利計算を行うには表計算ソフトを使うのが便利ですが，複利終価係数表を使って計算することもできます。$(1 + r)^n$部分を**複利終価係数**と呼びます。複利終価係数を用いると将来価値は次のように書くことができます。

$$将来価値 = X \times 複利終価係数$$

　「付表2 - 1　複利終価係数表」は複利終価係数$(1 + r)^n$をさまざまなrとnについて

計算した表で，小数点以下第4位を四捨五入して，小数点以下第3位まで記載しています。

【例題Ⅰ（1）将来価値】

　「付表2－1　複利終価係数表」を使って現在の100万円の2年後の将来価値を計算してみましょう。年利率を1％とします。

　利率rが1％で年数nが2年の複利終価係数は「付表2－1　複利終価係数表」で見ると，1.020となっています。つまり，年利率が1％のときの現在の100万円の2年後の将来価値は，100 × 1.020 ＝ 102.0（万円）と計算することができます。

《設問Ⅰ（1）将来価値》

　現在の200万円の5年後の将来価値を計算しましょう。ただし，複利終価係数を用いて，年利率は2％として小数点以下第1位まで計算してください。

《設問Ⅰ（1）将来価値（解）》

　「付表2－1　複利終価係数表」より，年利率rが2％で年数nが5年の複利終価係数は1.104です。

　200 × 1.104 ＝ 220.8（万円）

（2）現在価値

　続いて将来価値から現在の価値について考えてみましょう。銀行預金の預金利率が1％のとき，1年後の101万円の現在の価値はいくらでしょうか。

　1年後の将来価値を計算したのと逆の計算を行うことになります。1年後の101万円の現在の価値は100万円です。式で書くと次のようになります。

$$101 \times \frac{1}{1+0.01} = 100 \quad (万円)$$

　現在の価値はこのように，利子率で割り引いて計算するため，**割引現在価値**または単に**現在価値**と呼ばれています。

　では，2年後の102.01万円の現在価値を計算する式はどうでしょうか。次のようになります。

$$\frac{102.01}{(1+0.01)^2} = 100 \quad (万円)$$

　銀行に預けたn年後のXの現在価値は，利子率rが一定であれば，次のように表されます。

$$現在価値 = \frac{X}{(1+r)^n}$$

　このように現在価値と将来価値は，どちらも複利計算を利用しています。上記の現在価値を求める際には割り算の計算を行っていますが，**現在価値割引係数**を用いて掛け算で計算することもできます。現在価値割引係数は $\frac{1}{(1+r)^n}$ を計算したものです。現在価値割引係数を用いると，現在価値を次のように書くことができます。

$$現在価値 = X \times \frac{1}{(1+r)^n} = X \times 現在価値割引係数$$

　将来価値のところで「付表2−1　複利終価係数表」を用いましたが，現在価値を求める場合には，「付表2−2　現在価値割引係数表」を用いることができます。ただし，「付表2−2　現在価値割引係数表」も「付表2−1　複利終価係数表」と同じように，端数処理を，小数点以下第4位で四捨五入して小数点以下第3位まで計算という形で行っているため誤差が生じることになり，計算結果の取り扱いには少し注意が必要です。

　先ほどの年利率1％のときの2年後の102.01万円の現在価値について，「付表2−2　現在価値割引係数表」のrが1％，nが2のところの現在価値割引係数0.980を102.01万円に乗じて計算すると，端数処理の誤差のため102.01 × 0.980 = 99.9698となり，100には一致しません。しかし，この場合には四捨五入を行って小数点以下第1位まで計算すれば，99.9698は小数点以下第2位の6を繰り上げるため100.0になります。

【例題I（2）現在価値】

　　利子率が年1％の時の2年後の120万円の現在価値を，現在価値割引係数を使って計算してみましょう。「付表2−2　現在価値割引係数表」より，利子率rが年1％で，年数nが2年のときの現在価値割引係数は0.980です。

　　現在価値を小数点以下第1位まで求めると，120 × 0.980 = 117.6（万円）となります。

《設問I（2）現在価値》

　　5年後の200万円の現在価値を計算しましょう。ただし，現在価値割引係数を用いて，年利率は2％として，小数点以下第1位まで計算してください。

《設問I（2）現在価値（解）》

　　「付表2−2　現在価値割引係数表」より，年利率rが2％で年数nが5年の現在価値割引係数は0.906です。

　200 × 0.906 = 181.2（万円）

Ⅱ DCF 法（Discount Cash Flow 法）

（1）事業の経済的価値

　企業活動における事業の経済的価値はその事業から得られる将来のフリー・キャッシュ・フローを現在価値に割り引いて計算し，その計算方法を **DCF 法**（Discount Cash Flow 法）といいます。

　銀行預金の例では将来のキャッシュ・フローである元利合計から現在価値を計算しましたが，事業の場合には将来のフリー・キャッシュ・フローを見積ることで，同様に計算することができます。

　将来のある時点で事業から得られるフリー・キャッシュ・フローの現在価値を計算してみましょう。ある時点を n 年後とし，その時点で得られるフリー・キャッシュ・フローを CF_n とします。

　CF_n の現在価値は，割引率 r が一定であれば，次のように表されます。

$$\text{n 年後に事業から得られる将来のフリー・キャッシュ・フローの現在価値} = \frac{CF_n}{(1+r)^n}$$

（2）事業プロジェクトの現在価値

　続いて，将来のキャッシュ・フローが，ある期間にわたって継続的に発生する事業プロジェクトの現在価値を考えましょう。

　現在価値を PV，ある t 期のフリー・キャッシュ・フローを CF_t とし，割引率を r とすると，その割引現在価値 PV は次の式で表されます。

$$\text{t 期のフリー・キャッシュ・フローの } PV = \frac{CF_t}{(1+r)^t}$$

　例として，5 期までの事業プロジェクトを考えましょう。現在を 0 期として，今，投資を行って，1 期から 5 期までそれぞれ CF_1, CF_2, CF_3, CF_4, CF_5 のフリー・キャッシュ・フローが発生するとします。各期のフリー・キャッシュ・フローの現在価値は，それぞれ $\frac{CF_1}{(1+r)^1}$, $\frac{CF_2}{(1+r)^2}$, $\frac{CF_3}{(1+r)^3}$, $\frac{CF_4}{(1+r)^4}$, $\frac{CF_5}{(1+r)^5}$ と計算されます。

　事業プロジェクトの現在価値は，各期のフリー・キャッシュ・フローの現在価値の合計として次の式で計算されます。

　0 期に投資して 5 年間フリー・キャッシュ・フローが発生する事業プロジェクトの現在価値

$$= \frac{CF_1}{(1+r)^1} + \frac{CF_2}{(1+r)^2} + \frac{CF_3}{(1+r)^3} + \frac{CF_4}{(1+r)^4} + \frac{CF_5}{(1+r)^5}$$

実際に数字を入れて計算してみましょう。

【例題Ⅱ（2）事業プロジェクトの現在価値】

ある事業プロジェクトについて5年間の事業計画があります。今300百万円を投資すると，1年後から5年後まで毎年100百万円のフリー・キャッシュ・フローが見込まれる場合のこの事業プロジェクトの各期のフリー・キャッシュ・フローの現在価値を計算し，事業プロジェクトの現在価値を計算します。ただし，割引率は年10％とします。

事業プロジェクトの現在価値は次のように計算できます。毎年のフリー・キャッシュ・フローの割引現在価値の計算結果は現在価値割引係数を用いて小数点以下第1位まで計算しています。

図表　事業プロジェクトの現在価値　例題Ⅱ（2）

単位：百万円

	0期	1期	2期	3期	4期	5期
フリー・キャッシュ・フロー	-300	100	100	100	100	100
各期 PV	-300	$\frac{100}{(1+0.1)^1}$ $=90.9$	$\frac{100}{(1+0.1)^2}$ $=82.6$	$\frac{100}{(1+0.1)^3}$ $=75.1$	$\frac{100}{(1+0.1)^4}$ $=68.3$	$\frac{100}{(1+0.1)^5}$ $=62.1$
事業プロジェクトの現在価値	90.9＋82.6＋75.1＋68.3＋62.1＝379.0					

割引率が年10％のときの年数1年〜5年の現在価値割引係数は「付表2-2　現在価値割引係数表」より，それぞれ0.909，0.826，0.751，0.683，0,621です。従って1期のフリー・キャッシュ・フロー100の現在価値PVは100×0.909＝90.9となります。

同様にして次の設問をやってみましょう。

《設問Ⅱ（2）事業プロジェクトの現在価値》

今200百万円を投資すると，1年後から3年後まで毎年90百万円のフリー・キャッシュ・フローが見込まれる場合の3年間の事業プロジェクトの毎年のフリー・キャッシュ・フローの割引現在価値を計算し，またこの事業プロジェクトの現在価値を求めましょう。ただし，割引率は年10％とします。また，毎年のフリー・キャッシュ・フローの割引現在価値の計算結果は，「付表2-2　現在価値割引係数表」の現在価値割引係数を用いて，小数点以下第1位まで計算してください。

現在を0期とします。1年後は1期，2年後は2期，3年後は3期です。

図表　事業プロジェクトの現在価値　設問Ⅱ（2）

単位：百万円

	0 期	1 期	2 期	3 期
フリー・キャッシュ・フロー	-200	90	90	90
各期 PV				
事業プロジェクトの現在価値				

《設問Ⅱ（2）事業プロジェクトの現在価値（解）》

図表　事業プロジェクトの現在価値　設問Ⅱ（2）

単位：百万円

	0 期	1 期	2 期	3 期
フリー・キャッシュ・フロー	-200	90	90	90
各期 PV	-200	$\dfrac{90}{(1+0.1)^1}$ $=81.8$	$\dfrac{90}{(1+0.1)^2}$ $=74.3$	$\dfrac{90}{(1+0.1)^3}$ $=67.6$
事業プロジェクトの現在価値		$81.8+74.3+67.7=223.7$		

　割引率が年10％のときの年数1年〜3年の現在価値割引係数は「付表2-2　現在価値割引係数表」より，それぞれ 0.909，0.826，0.751 です。

（3）NPV（Net Present Value，正味現在価値）

　事業プロジェクトの NPV（Net Present Value，正味現在価値）は事業プロジェクトの現在価値から初期投資額を差し引いた純額です。企業価値を高めるための，事業プロジェクト計画の実施条件は NPV ＞ 0 となることです。

$$\boxed{\text{NPV} = \text{事業プロジェクトの現在価値} - \text{初期投資額}}$$

$$\boxed{\text{事業プロジェクト実施条件　NPV} > 0}$$

【例題Ⅱ（3）事業プロジェクトの NPV】

　【例題Ⅱ（2）】のプロジェクトの NPV を計算してみましょう。

$$NPV = \frac{CF_1}{(1+r)^1} + \frac{CF_2}{(1+r)^2} + \frac{CF_3}{(1+r)^3} + \frac{CF_4}{(1+r)^4} + \frac{CF_5}{(1+r)^5} - 300$$

$$= \frac{100}{(1+0.1)^1} + \frac{100}{(1+0.1)^2} + \frac{100}{(1+0.1)^3} + \frac{100}{(1+0.1)^4} + \frac{100}{(1+0.1)^5} - 300$$

$$= 379.0 - 300$$
$$= 79.0$$

　このように NPV を計算した結果 NPV ＞ 0 となりましたので，この事業プロジェクト
は実施するという判断を行うことができます。

　つまり，事業プロジェクトの NPV が正の値をとれば，事業プロジェクトを実施すると
いう判断を行い，逆に NPV が負の値を取れば，投資したキャッシュの額が将来のフリー・
キャッシュ・フローの現在価値を超えるということですので，その事業プロジェクトは，
見直されることになります。

《設問Ⅱ（3）事業プロジェクトの NPV》

　《設問Ⅱ（2）》の事業プロジェクトの NPV を計算してください。また，この事業プロジェ
　クトを実施してもよいかどうか判断して下さい。

《設問Ⅱ（3）事業プロジェクトの NPV（解）》

$$NPV = \frac{CF_1}{(1+r)^1} + \frac{CF_2}{(1+r)^2} + \frac{CF_3}{(1+r)^3} - 200$$

$$= \frac{90}{(1+0.1)^1} + \frac{90}{(1+0.1)^2} + \frac{90}{(1+0.1)^3} - 200$$

$$= 223.7 - 200$$

$$= 23.7$$

　　NPV を計算した結果 NPV ＞ 0 になったので，この事業プロジェクトは実施するという判断
　を行うことができます。

　ここで数式の表記について考えてみましょう。事業プロジェクトの NPV は各期のキャ
ッシュフローの合計に初期投資額であるマイナスのフリー・キャッシュ・フローを加えた
（つまり初期投資額を引いた）ものです。0 期のフリー・キャッシュ・フロー CF_0 はマイナス
の値です。5 期までの事業プロジェクトの場合には次の式で計算されます。

0 期に投資して 5 年間フリー・キャッシュ・フローが発生する事業プロジェクトの NPV

$$= \frac{CF_1}{(1+r)^1} + \frac{CF_2}{(1+r)^2} + \frac{CF_3}{(1+r)^3} + \frac{CF_4}{(1+r)^4} + \frac{CF_5}{(1+r)^5} + CF_0$$

　また，$(1+r)^0 = 1$ ですので，この CF_0 を，$\frac{CF_0}{(1+r)^0}$ と表記することができます。これを
利用すると，0 期に投資して 5 年間フリー・キャッシュ・フローが発生する事業プロジェ

クトの NPV は次のように書くことができます。

$$NPV = \frac{CF_0}{(1+r)^0} + \frac{CF_1}{(1+r)^1} + \frac{CF_2}{(1+r)^2} + \frac{CF_3}{(1+r)^3} + \frac{CF_4}{(1+r)^4} + \frac{CF_5}{(1+r)^5} = \sum_{t=0}^{5} \frac{CF_t}{(1+r)^t}$$

　つまり，$\sum_{t=0}^{5} \frac{CF_t}{(1+r)^t} > 0$ であれば，この事業プロジェクトを実施してもよいという判断をすることができます。

　ここでΣは総和記号を表しています。総和記号Σは，繰り返し足し算をする式を簡単に書くための記号です。$\sum_{t=0}^{5} \frac{CF_t}{(1+r)^t}$ は「シグマ t＝0から5まで$\frac{CF_t}{(1+r)^t}$」と読みます。その意味は，$\frac{CF_t}{(1+r)^t}$ の t のところに，Σの下段に書いている t＝0から上段の5になるまで順番に1ずつ増やして代入し，それぞれを足し算するということです。また，事業プロジェクトは5年とは限りませんので一般化して n 年までとすれば，$\sum_{t=0}^{5} \frac{CF_t}{(1+r)^t}$ となり，n にその事業プロジェクトの年数を入れればさまざまな年数の事業プロジェクトに対応でき，事業プロジェクト実施の判断は，次の条件を満たせばよいということになります。

$$\boxed{\text{事業プロジェクト実施条件}\quad NPV = \sum_{t=0}^{n} \frac{CF_t}{(1+r)^t} > 0}$$

　5期までの事業プロジェクトの各期のフリー・キャッシュ・フローから事業プロジェクト実施の判断までについて，総和記号Σを使って表にしました。

図表　5期までの事業プロジェクトの各期
　　　フリー・キャッシュ・フローから事業プロジェクト実施の判断まで

現在を0期とします。1年後は1期，2年後は2期，5年後は5期です。

	0期	1期	2期	3期	4期	5期
CF	CF_0	CF_1	CF_2	CF_3	CF_4	CF_5
PV	$\frac{CF_0}{(1+r)^0}$	$\frac{CF_1}{(1+r)^1}$	$\frac{CF_2}{(1+r)^2}$	$\frac{CF_3}{(1+r)^3}$	$\frac{CF_4}{(1+r)^4}$	$\frac{CF_5}{(1+r)^5}$
プロジェクトPV	$\sum_{t=1}^{5} \frac{CF_t}{(1+r)^t}$					
プロジェクトNPV	$\sum_{t=0}^{5} \frac{CF_t}{(1+r)^t}$					
実施判断	$\sum_{t=0}^{5} \frac{CF_t}{(1+r)^t} > 0$					

　またプロジェクトの実施判断には，NPV の代わりに **IRR**（Internal Rate of Return, **内部収益率**）もよく用いられています。IRR は NPV＝0 となる割引率です。IRR が要求される収益率（期待リターン）よりも高ければそのプロジェクトを実施するという判断を行います。ただし，IRR と NPV の投資判断は，通常の場合は一致しますが，IRR は計算上の問題のため一致しないケースもあります。その場合には NPV による判断を用います。

Ⅲ WACC (Weighted Average Cost of Capital, 加重平均資本コスト)

　事業プロジェクトの割引率について考えましょう。

　銀行預金の場合は割引率として利子率を用いました。割引率には期待リターンが使用されます。銀行預金や社債などの投資の場合には，預入利率やクーポンレート（利付債の利率）が期待リターンとなります。

　事業プロジェクトの期待リターンには，通常その事業の資金調達コストである資本コストを用います。負債や株主資本で資金調達を行いますので，**負債コスト**と**株主資本コスト**を加重平均して計算します。この資本コストのことをその計算方法から **WACC** (Weighted Average Cost of Capital, **加重平均資本コスト，読み方はワック**) と呼んでいます。

①　負債コスト

　まず負債コストについてですが，債権者が要求するリターンが負債コストになります。つまり負債の利子が負債コストです。負債コストで注意が必要なのは，法人税等の計算において支払利子が節税効果をもたらすという点です。節税効果は将来のフリー・キャッシュ・フローに影響を与えるため，WACC を計算する上でも考慮しなければなりません。

②　株主資本コスト

　続いて株主資本コストの方ですが，株主が要求するリターン，つまり配当やキャピタルゲインが株主資本コストになるのですが，キャピタルゲインは値上がり益ですので，株式を売却するまでは実現しないことになります。株主資本コストを正確に計算するのは困難です。

　この株主資本コストの計算方法の１つとして，証券投資理論の **CAPM** (Capital Asset Pricing Model, **資本資産評価モデル，読み方はキャップエム**) を使う方法があります。CAPM を使うと個別の株式のリスクとリターンの関係を，証券市場全体を基準とした相対的なリスクとリターンの関係として表すことができます。

　ところで，リスクには市場全体に関わるリスク（**マーケットリスクまたはシステマティックリスク**と呼ばれています）と，個別証券に固有のリスク（**ユニークリスクまたはアンシステマティックリスク**と呼ばれています）があります。CAPM では個別証券に固有のリスクは勘定に入れていません。というのは，分散投資によって個別証券に固有のリスクは相殺され減少するため，投資者が十分に分散投資を行えば，市場全体に関わるリスクのみ考えることができるからです。

　では，株主資本コストを計算しましょう。株主資本コストは個別証券の期待リターンと考えることができます。

　ハイリスクハイリターンの原則というのがあるのですが，期待できるリターンが大きい投資はリスクも大きくなります。期待リターンが国債などの無リスクの証券への投資リターンを超える部分を**リスクプレミアム**といいますが，ある個別証券のリスクプレミアムと証券市場全体のマーケットリスクプレミアムとの関係は次の式で表すことができます。

$$r_E - r_f = \beta(r_M - r_f)$$

　r_E は個別証券の期待リターンである株主資本コスト，r_f は無リスク証券の利子率，r_M は証券市場全体の期待リターンです。$r_E - r_f$ は個別証券のリスクプレミアム，$r_M - r_f$ はマーケットリスクプレミアムです。従って株主資本コストは次の式で算出されます。

$$r_E = \beta(r_M - r_f) + r_f = \beta \times マーケットリスクプレミアム + 無リスク証券の利子率$$

　ここで β は個別証券のリスクを表す値ですが，証券市場全体のリスクを $\beta = 1$ として標準化しています。個別証券の β は過去の個別証券と証券市場全体のインデックスファンドなどの収益率の推移から回帰分析を行って計算することができます。

　リスクは収益率のばらつきで表され，ばらつきが大きいほどリスクは高くなります。無リスク証券の β は $\beta = 0$ となります。仮にある個別証券の β が 1.5 だとすると，その個別証券のばらつきは証券市場全体の 1.5 倍になります。

　β の値は，データを取る期間や間隔によって変化し，また業種によって傾向が異なります。株主資本コストを計算する事業プロジェクトが，その会社の本業のプロジェクトである場合はその個別証券の β を利用すればいいのですが，新規事業である場合などその会社の β が使えない場合には，類似企業の β に事業プロジェクトに合わせて調整を加えたものを使って株主資本コストを計算します。

③　WACC

　株主資本コスト r_E が計算できれば，債権者の期待リターンである利子となる負債コスト r_D とともに，D を負債の市場価値，E を株主資本の市場価値，T を実効税率（企業の所得に対する法人税等による実質的な税負担率）として，以下の WACC の計算式に代入して事業プロジェクトの割引率である資本コストを計算することができます。

$$WACC = \frac{D}{D+E} \times (1-T) \times r_D + \frac{E}{D+E} \times r_E$$

【例題Ⅲ　WACC の計算】

マーケットリスクプレミアムが 7.5％, 無リスク証券の利子率が 1.0％, ある個別証券の β が 1.2 のとき, その個別証券の株主資本コストを計算し, WACC を計算しましょう。

負債コスト r_D を 5.0％とし, 負債の市場価値 D を 200 百万円, 株主資本の市場価値 E を 300 百万円, 実効税率 T を 40.0％とします。

株主資本コスト＝ 1.2 × 7.5％＋ 1.0％＝ 10％

負債比率　$\dfrac{D}{D+E}=\dfrac{200}{200+300}=0.4$

株主資本比率　$\dfrac{E}{D+E}=\dfrac{300}{200+300}=0.6$

WACC ＝ 0.4 ×（1 － 0.40）× 0.050 ＋ 0.6 × 0.1 ＝ 0.072

WACC は 7.2％になります。

同様にして次の設問Ⅲでも WACC を計算してみましょう。

《設問Ⅲ　WACC の計算》

マーケットリスクプレミアムが 9.0％, 無リスク証券の利子率が 0.1％, ある個別証券の β が 1.1 のとき, その個別証券の株主資本コストを計算し, WACC を計算しましょう。

負債コスト r_D を 5.0％とし, 負債の市場価値 D を 300 百万円, 株主資本の市場価値 E を 200 百万円, 実効税率 T を 40.0％とします。

《設問Ⅲ　WACC の計算（解)》

株主資本コスト＝ 1.1 × 9.0％＋ 0.1％＝ 10％

負債比率　$\dfrac{D}{D+E}=\dfrac{300}{200+300}=0.6$

株主資本比率　$\dfrac{E}{D+E}=\dfrac{200}{200+300}=0.4$

WACC ＝ 0.6 ×（1 － 0.40）× 0.050 ＋ 0.4 × 0.10 ＝ 0.058

WACC は 5.8％になります。

次の設問Ⅳは事業プロジェクトを実施してもよいかの判断を行う問題です。まず割引率に用いる WACC を計算してから NPV を計算して, 判断を行ってください。

《設問Ⅳ　WACC と NPV の計算》

　今 200 百万円を投資すると，1 年後，2 年後，3 年後に各 100 百万円のフリー・キャッシュ・フローが見込まれる 3 年間の事業プロジェクトがあります。この事業プロジェクトは実施してもよいか判断してください。

　ただし，株主資本コスト r_E を 7.0%，負債コスト r_D を 5.0% とし，負債の市場価値 D を 100 百万円，株主資本の市場価値 E を 100 百万円，実効税率 T を 40.0% とします。

　また，毎年のフリー・キャッシュ・フローの割引現在価値は，現在価値割引係数を用いて，小数点以下第 1 位まで計算してください。

《設問Ⅳ　WACC と NPV の計算（解）》

負債比率　　$\dfrac{D}{D+E} = \dfrac{100}{100+100} = 0.5$

株主資本比率　　$\dfrac{E}{D+E} = \dfrac{100}{100+100} = 0.5$

$WACC = 0.5 \times (1 - 0.40) \times 0.050 + 0.5 \times 0.070 = 0.050$

WACC は 5.0% になります。

割引率が年 5% のときの年数 1 年〜 3 年の現在価値割引係数は「付表 2 − 2　現在価値割引係数表」より，それぞれ 0.952，0.907，0.864 です。

$$NPV = \sum_{t=0}^{3} \frac{CF_t}{(1+r)^t} = \frac{CF_0}{(1+r)^0} + \frac{CF_1}{(1+r)^1} + \frac{CF_2}{(1+r)^2} + \frac{CF_3}{(1+r)^3}$$

$NPV = -200.0 + 95.2 + 90.7 + 86.4 = 72.3$

NPV ＞ 0 となるので，この事業プロジェクトは実施してもよいということになります。

章末問題

（1）将来価値

　現在の 100 万円の 30 年後の将来価値を計算しましょう。ただし，複利終価係数を用いて，年利率は 1％として小数点以下第 1 位まで計算してください。

（2）現在価値

　20 年後の 100 万円の現在価値を計算しましょう。ただし，現在価値割引係数を用いて，年利率は 5％として，小数点以下第 1 位まで計算してください。

（3）NPV

　ある会社の事業プロジェクトで，今 500 百万円を投資すると，1 年後に 100 万円，2 年後に 200 万円，3 年後に 300 百万円のフリー・キャッシュ・フローが見込まれる 3 年間の事業プロジェクトがあります。この事業プロジェクトは実施してもよいか判断してください。

　ただし，マーケットリスクプレミアムを 5.0％，無リスク証券の利子率を 2.0％，その個別証券の β は 1.2 とします。また，負債コスト r_D を 5.0％とし，負債の市場価値 D を 200 百万円，株主資本の市場価値 E を 300 百万円，実効税率 T を 40.0％とします。

　また，毎年のフリー・キャッシュ・フローの割引現在価値は，現在価値割引係数を用いて，小数点以下第 1 位まで計算してください。

補論 2

企業価値評価

継続的事業が将来生み出すフリー・キャッシュ・フローは，財務諸表から計算したフリー・キャッシュ・フローをもとに予測可能な期間におけるフリー・キャッシュ・フローを見積もり，継続価値を計算したものとなります。継続的事業の事業価値は継続的事業が将来生み出すフリー・キャッシュ・フローから NPV を計算して求めることになります。

そして，事業価値に非事業資産の価値を加えれば企業価値を算出できます。

到達目標

継続的事業の事業価値や企業価値評価，理論株価について理解する。

キーワード：フリー・キャッシュ・フロー，継続価値，企業価値，
理論株価

Ⅰ 継続的事業の経済的価値

　この補論2では，ゴーイング・コンサーンを前提とした継続的事業を考え，事業価値を評価し，さらに企業価値の評価を行い，最終的には理論株価の計算まで行います。まず，事業価値評価です。

　事業価値の計算手順は次のようになります。順に確認しましょう。

　［手順1］加重平均資本コストWACCを計算する。

　［手順2］事業計画を立て，将来のフリー・キャッシュ・フローを見積もる。

　［手順3］継続価値を計算する。

　［手順4］NPVを計算し，事業価値評価をする。

（1）［手順1］加重平均資本コストWACCを計算する。

　事業価値評価の際に割引率として使用するのはWACCです。補論1で見たようにWACCは，Dを負債の市場価値，Eを株主資本の市場価値，Tを実効税率，r_Dを負債コスト，r_Eを株主資本コストとすると，次の式で計算できます。

$$WACC = \frac{D}{D+E} \times (1-T) \times r_D + \frac{E}{D+E} \times r_E$$

（2）［手順2］事業計画を立て，将来のフリー・キャッシュ・フローを見積もる。

　企業価値評価を行う場合の事業計画では，将来のフリー・キャッシュ・フローを予測し，数年の詳細な見積もりをもとに10年から15年分ぐらいまでの事業計画を立てます。またゴーイング・コンサーンを前提としていますので，継続価値を計算しその最後の期に合わせて計上します。

　事業計画を立てる際のフリー・キャッシュ・フローの数年の詳細な見積もりは，財務諸表からのフリー・キャッシュ・フローのデータをもとに行うことになります。まず，財務諸表からのフリー・キャッシュ・フローの計算について見てみましょう。

① フリー・キャッシュ・フロー

　フリー・キャッシュ・フローは財務諸表のデータをもとに次の式で計算されます。

フリー・キャッシュ・フロー＝営業利益×（1－税率）＋減価償却費－投資－⊿運転資本※

　キャッシュ・フロー計算書上のキャッシュ・フローとファイナンスにおけるフリー・キ

───────────────

※ギリシャ文字のデルタ⊿は増分を表す記号です。下の⑤で説明しています。

ャッシュ・フローはどちらも期間内のキャッシュの増減を表していますが，キャッシュ・フロー計算書上のキャッシュ・フローにおいては間接法では税引前当期純利益をもとに計算するのに対し，ファイナンスにおけるフリー・キャッシュ・フローでは，営業利益に調整を加えて計算します。

② 営業利益（法人税等を差し引いたもの）

　フリー・キャッシュ・フローでは，純粋に事業からのキャッシュ・フローを計算するために，営業外損益や特別損益を計上する前の営業利益から，法人税等の税額分を差し引いたものを用いて計算します。

③ 減価償却費

　減価償却費は営業利益を計算する際に費用として引かれていますが，実際にキャッシュが支出されるわけではないため，足し戻します。減価償却費は期末の減価償却累計額から期首の減価償却累計額を引いて算出します。

$$減価償却費＝期末の減価償却累計額－期首の減価償却累計額$$

④ 投　資

　投資のために支払ったキャッシュを引きます。投資は期末の Gross の固定資産から期首の Gross の固定資産を引いて算出します。Gross の固定資産は，固定資産から減価償却累計額を引く前の総額です。

$$投資＝期末の Gross の固定資産－期首の Gross の固定資産$$

⑤ ⊿運転資本

　⊿運転資本を引きます。⊿運転資本は運転資本の増分を表しています。期末運転資本から期首運転資本を引いて算出します。プラスの値は運転資本が増加したことを表し，マイナスの値は減少したことを表しています。

$$⊿運転資本＝期末運転資本－期首運転資本$$

　期末運転資本は期末の売掛金と期末棚卸資産の合計額から期末買掛金を差し引いて計算します。

$$期末運転資本＝期末売掛金＋期末棚卸資産－期末買掛金$$

　期首運転資本は期首の売掛金と期首棚卸資産の合計額から期首の買掛金を差し引いて計

算します。

$$\boxed{期首運転資本＝期首売掛金＋期首棚卸資産－期首買掛金}$$

【例題 I （2） フリー・キャッシュ・フローの計算】

次の財務諸表のデータをもとにフリー・キャッシュ・フローを計算しましょう（単位：百万円）。

期首貸借対照表

流動資産	67	流動負債	30
現金	2	買掛金	20
売掛金	25	短期借入金	10
棚卸資産	40	固定負債	53
固定資産	93	長期借入金	28
固定資産（Gross）	110	社債	25
減価償却累計額	17	株主資本	77
資産合計	160	負債資本合計	160

期末貸借対照表

流動資産	79	流動負債	28
現金	4	買掛金	18
売掛金	25	短期借入金	10
棚卸資産	50	固定負債	53
固定資産	93	長期借入金	28
固定資産（Gross）	120	社債	25
減価償却累計額	27	株主資本	91
資産合計	172	負債資本合計	172

損益計算書

売上高	200
売上原価	150
減価償却費	10
その他	140
一般管理費	20
営業利益	30
支払利息	2
税引前純利益	28
法人税等	14
当期純利益	14

実効税率 50%

フリー・キャッシュ・フローの計算

税引後営業利益	15
減価償却費	10
投資	10
⊿運転資本	12
期首	45
期末	57
フリー・キャッシュ・フロー ＝税引後営業利益＋減価償却費－投資－⊿運転資本	3

※税引後営業利益は，営業利益から法人税等を差し引いたものです。式は30×(1－50%)＝15です。

《設問Ⅰ（2）フリー・キャッシュ・フローの計算》

　次のデータをもとにフリー・キャッシュ・フローを計算しましょう（単位：百万円）。

期首貸借対照表

流動資産	58	流動負債	50
現金	3	買掛金	40
売掛金	20	短期借入金	10
棚卸資産	35	固定負債	53
固定資産	92	長期借入金	28
固定資産（Gross）	110	社債	25
減価償却累計額	18	株主資本	47
資産合計	150	負債資本合計	150

期末貸借対照表

流動資産	61	流動負債	55
現金	4	買掛金	45
売掛金	25	短期借入金	10
棚卸資産	32	固定負債	53
固定資産	95	長期借入金	28
固定資産（Gross）	128	社債	25
減価償却累計額	33	株主資本	48
資産合計	156	負債資本合計	156

損益計算書

売上高	160
売上原価	143
減価償却費	15
その他	128
一般管理費	13
営業利益	4
支払利息	2
税引前純利益	2
法人税等	1
当期純利益	1

実効税率50%

フリー・キャッシュ・フローの計算	
税引後営業利益	
減価償却費	
投資	
⊿運転資本	
期首	
期末	
フリー・キャッシュ・フロー ＝税引後営業利益＋減価償却費－投資－⊿運転資本	

《解　答》

　税引後営業利益2，減価償却費15，投資18，⊿運転資本−3，期初15，期末12，FCF 2

（3）［手順3］継続価値を計算する。

　長期的な事業を想定した事業価値の評価には，継続価値（残存価値ともいいます）を加味した事業計画を考えます。継続価値の算出には，永続価値や成長永続価値を用います。**永続価値**は一定の金額のキャッシュ・フローが永久に続く場合の現在価値で，**成長永続価値**は一定の成長率でキャッシュ・フローが増加すると仮定したキャッシュ・フローを想定した場合の現在価値です。

①　永続価値

　永続価値を PV とし，一定のキャッシュ・フローを CF として，割引率を r とします。1年後から一定の金額のキャッシュ・フローが永久に続く場合の現在価値である永続価値は1期から永久つまり無限大の期までの各期の現在価値の合計で表わすことができます。

$$PV = \frac{CF}{(1+r)^1} + \frac{CF}{(1+r)^2} + \cdots + \frac{CF}{(1+r)^n} + \cdots + \frac{CF}{(1+r)^\infty} \qquad （1）式$$

（1）式の両辺に（1 + r）をかけます。

$$(1+r)PV = CF + \frac{CF}{(1+r)^1} + \frac{CF}{(1+r)^2} + \cdots + \frac{CF}{(1+r)^n} + \cdots + \frac{CF}{(1+r)^\infty} \qquad （1'）式$$

（1'）式から（1）式を引くと永続価値を簡単な式で表すことができます。

$$(1+r)PV - PV = rPV = CF$$

これを PV について解きます。

$$\boxed{\;永続価値 \quad PV = \frac{CF}{r}\;}$$

【例題Ⅰ（3）①　永続価値の計算】
　1年後から一定のキャッシュ・フロー 20 万円が得られ，そのキャッシュ・フローが永久的に続くとき，割引率を 5% として永続価値を計算しましょう。

　　20 ÷ 0.05 ＝ 400（万円）

《設問Ⅰ（3）①　永続価値の計算》
　1年後から一定のキャッシュ・フロー 30 万円が得られ，そのキャッシュ・フローが永久的に続くとき，割引率を 4% として永続価値を計算しましょう。

《解　答》

　30 ÷ 0.04 = 750（万円）

②　成長永続価値

　成長永続価値の計算式を使うと，キャッシュ・フローが一定率で成長しつつ永久的に続く場合の継続価値を計算することができます。成長永続価値を PV とし，1 年後にキャッシュ・フロー CF が得られ，そのキャッシュ・フローは永久に続き，また一定の成長率 g（ただし，割引率を r とし，r ＞ g とする）で増加するとき，成長永続価値は次の式で表されます。試しに成長率 g ＝ 0 を代入すると永続価値を求める計算式と同じになります。

$$成長永続価値　PV = \frac{CF}{r-g}$$

【例題Ⅰ（3）②　成長永続価値の計算】

　1 年後に 20 万円のキャッシュ・フローが得られ，毎年キャッシュ・フローが 1% ずつ増加し，永久的に続くとき，割引率を 5% として成長永続価値を計算しましょう。

　20 ÷（0.05 － 0.01）＝ 500（万円）

《設問Ⅰ（3）②　成長永続価値の計算》

　1 年後に 30 万円のキャッシュ・フローが得られ，毎年キャッシュ・フローが 1% ずつ増加し，永久的に続くとき，割引率を 4% として成長永続価値を計算しましょう。

《解　答》

　30 ÷（0.04 － 0.01）＝ 1,000（万円）

（4）［手順 4］NPV を計算し，事業価値評価をする。

　事業価値評価は，補論 1 の NPV による事業プロジェクト実施判断と同様に計算しますが，ゴーイング・コンサーンを前提にするため，フリー・キャッシュ・フローの見積もりの際に，継続価値を織り込んで計算します。

【例題Ⅰ（4）事業価値評価】

　ある事業は今資金調達を行って 300 百万円を投資すると，1 期から 5 期まで下表のようにフリー・キャッシュ・フローが見込まれ，6 期以降は毎年 100 百万円のフリー・キャッシュ・フローが継続するとします。まず 5 期目に 6 期以降の継続価値を計算し，5 期目に加え，こ

の事業の NPV を計算し，事業価値を評価しましょう。ただし，WACC は 10％とします。各期のPV は「付表 2 － 2　現在価値割引係数表」から現在価値割引係数を用いて，小数点以下第 1 位まで計算し，NPV も小数点以下第 1 位まで計算しています。

図表　事業計画

現在を 0 期とします。1 年後は 1 期，2 年後は 2 期，5 年後は 5 期です。　（単位：百万円）

期	0		1	2	3	4	5
CF$_t$	-300		80	80	80	100	100
継続価値							1,000
合計 CF$_t$	-300		80	80	80	100	1,100
各期 PV	-300		72.7	66.1	60.1	68.3	683.1
NPV							650.3

表の計算式は以下の通りです。（単位：百万円）

継続価値は $100 \div 0.1 = 1,000$

「付表 2 － 2　現在価値割引係数表」から年利率 10％の時の 1 年後～5 年後の現在価値割引係数は，それぞれ 0.909, 0.826, 0.751, 0.683, 0.621 となっています。各期の PV は次のようになります。

0 期　－300

1 期　$80 / (1 + 0.1) = 80 \times 0.909 = 72.7$

2 期　$80 / (1 + 0.1)^2 = 80 \times 0.826 = 66.1$

3 期　$80 / (1 + 0.1)^3 = 80 \times 0.751 = 60.1$

4 期　$100 / (1 + 0.1)^4 = 100 \times 0.683 = 68.3$

5 期　$1,100 / (1 + 0.1)^5 = 1,100 \times 0.621 = 683.1$

NPV　$-300 + 72.7 + 66.1 + 60.1 + 68.3 + 683.1 = 650.3$

《設問Ⅰ（4）事業価値評価》

　ある事業は，今資金調達を行って 300 百万円を投資すると，1 期から 5 期まで下表のようにフリー・キャッシュ・フローが見込まれ，6 期以降は毎年 50 百万円のフリー・キャッシュ・フローが継続するとします。まず 5 期目に 6 期以降の継続価値を計算し，5 期目に加えてこの事業の NPV を計算し，事業価値を評価しましょう。ただし，WACC は 10％とします。各期の PV は「付表 2 － 2　現在価値割引係数表」から現在価値割引係数を用いて，小数点以下第 1 位まで計算し，NPV も小数点以下第 1 位まで計算してください。

図表　事業計画

（単位：百万円）

期	0	1	2	3	4	5
CF_t	-300	20	30	40	50	50
継続価値						
合計CF_t						
PV						
NPV						

《解　答》

図表　事業計画

（単位：百万円）

期	0	1	2	3	4	5
CF_t	-300	20	30	40	50	50
継続価値						500
合計CF_t	-300	20	30	40	50	550
PV	-300	18.2	24.8	30.0	34.2	341.6
NPV						148.8

表の計算式は以下の通りです。（単位：百万円）

継続価値は $50 \div 0.1 = 500$

「付表2－2　現在価値割引係数表」から年利率10%の時の1年後～5年後の現在価値割引係数は，それぞれ0.909, 0.826, 0.751, 0.683, 0.621となっています。各期のPVは次のようになります。

0期　－300

1期　$20 / (1 + 0.1) = 20 \times 0.909 = 18.2$

2期　$30 / (1 + 0.1)^2 = 30 \times 0.826 = 24.8$

3期　$40 / (1 + 0.1)^3 = 40 \times 0.751 = 30.0$

4期　$50 / (1 + 0.1)^4 = 50 \times 0.683 = 34.2$

5期　$550 / (1 + 0.1)^5 = 550 \times 0.621 = 341.6$

NPV　$-300 + 18.2 + 24.8 + 30.0 + 34.2 + 341.6 = 148.8$

Ⅱ　企業価値

（1）企業価値の算出

　第6章Ⅲ企業価値の「借方からの企業価値」で見たように，**企業価値**を評価する際には事業価値に事業に直接必要でない非事業資産の価値を加算して算出します。また非事業資産の評価額は時価評価します。

$$企業価値＝事業価値＋非事業資産の評価額$$

例えば，事業資産の NPV が 300 百万円，非事業資産の時価が 200 百万円のとき，企業価値は 500 百万円になります。

【例題Ⅱ（1）企業価値の算出】

【例題Ⅰ（4）事業価値評価】で計算したある事業の事業価値は 650.3 百万円でした。ある企業はこの事業だけを行う場合に，その企業が持つ非事業資産を時価評価したところ，149.7 百万円であったとき，この企業の企業価値を算出しましょう。

企業価値＝ 650.3 ＋ 149.7 ＝ 800.0（百万円）

《設問Ⅱ（1）企業価値の算出》

ある企業が，《設問Ⅰ（4）事業価値評価》で計算したある事業の事業価値だけを行う場合に，その企業が持つ非事業資産を時価評価したところ 51.2 百万円であったとき，この企業の企業価値を算出しましょう。

《解　答》

企業価値＝ 148.8 ＋ 51.2 ＝ 200.0（百万円）

（2）理論株価の算出

第 6 章Ⅲ企業価値の「理論株価」のところで検討したように，長期的な視点から経済的価値の方もバランスしていると考えると，企業価値は事業価値と非事業資産の評価額の合計であり，かつ負債の経済的価値と株主資本の経済的価値の合計です。また，負債の経済的価値を簿価とすれば，株主資本の経済的価値を計算することができます。

株主資本の経済的価値＝企業価値－負債の簿価

このようにして計算した株主資本の経済的価値を発行済み株式総数で割れば**理論株価**が計算できます。

$$理論株価＝（企業価値－負債の簿価）÷発行済み株式総数$$

【例題Ⅱ（2）理論株価の算出】

　【例題Ⅱ（1）企業価値の算出】で計算したある企業の企業価値からその企業の理論株価を計算しましょう。その企業の負債の簿価は 200 百万円，発行済み株式総数は 5 百万株であるとします。

　　理論株価＝（800,000,000 － 200,000,000）÷ 5,000,000 ＝ 120（円）

《設問Ⅱ（2）理論株価の算出》

　《設問Ⅱ（1）企業価値の算出》で計算したある企業の企業価値からその企業の理論株価を計算しましょう。その企業の負債の簿価は 50 百万円，発行済み株式総数は百万株であるとします。

《解　答》

　　理論株価＝（200,000,000 － 50,000,000）÷ 1,000,000 ＝ 150（円）

図表　貸借対照表の簿価と経済的価値

出所：筆者作成

章末問題

（1）次のデータをもとにフリー・キャッシュ・フローを計算しましょう（単位：百万円）。

期首貸借対照表

流動資産	62	流動負債	52
現金	2	買掛金	42
売掛金	30	短期借入金	10
棚卸資産	30	固定負債	53
固定資産	60	長期借入金	28
固定資産（Gross）	110	社債	25
減価償却累計額	50	株主資本	17
資産合計	122	負債資本合計	122

期末貸借対照表

流動資産	55	流動負債	57
現金	5	買掛金	47
売掛金	30	短期借入金	10
棚卸資産	20	固定負債	53
固定資産	80	長期借入金	28
固定資産（Gross）	150	社債	25
減価償却累計額	70	株主資本	25
資産合計	135	負債資本合計	135

損益計算書

売上高	250
売上原価	200
減価償却費	20
その他	180
一般管理費	30
営業利益	20
支払利息	4
税引前純利益	16
法人税等	8
純利益	8

実効税率 50％

フリー・キャッシュ・フローの計算	
税引後営業利益	
減価償却費	
投資	
⊿運転資本	
期首	
期末	
フリー・キャッシュ・フロー ＝税引後営業利益＋減価償却費－投資－⊿運転資本	

（2）1年後から一定のキャッシュ・フロー10万円が得られ，そのキャッシュ・フローが永久的に続くとき，割引率を1％として永続価値を計算しましょう。

（3）1年後に100万円のキャッシュ・フローが得られ，毎年キャッシュ・フローが0.1％ずつ増加し，永久的に続くとき，割引率を1.1％として成長永続価値を計算しましょう。

（4）ある企業の事業計画では，今資金調達を行って500百万円を投資すると，1期から5期まで下表のようにフリー・キャッシュ・フローが見込まれ，6期以降は毎年120百万円のフリー・キャッシュ・フローが継続するとします。まず5期目に6期以降の継続価値を計算し，5期目に加えてこの事業のNPVを計算し，事業価値を評価しましょう。ただし，WACCは12％とします。各期のPVは「付表2−2　現在価値割引係数表」から現在価値割引係数を用いて，小数点以下第1位まで計算し，NPVも小数点以下第1位まで計算してください。

また，発行済み株式総数が3百万株で，事業外資産の時価評価額が13.5百万円，負債簿価が30百万円，また負債の経済的価値は負債簿価とします。企業価値を計算し，さらに理論株価を計算してください。端数がある場合は小数点以下第1位まで計算してください。

図表　事業計画

単位：百万円

期	0	1	2	3	4	5
CF$_t$	-500	100	100	100	120	120
継続価値						
合計CF$_t$						
PV						
NPV						

付　表

付表 1　財務諸表説明項目一覧

【貸借対照表】

主な流動資産項目

項目	内容
流動資産	正常営業循環の過程にある資産及び決算日から起算して 1 年以内に現金化または費用化される資産
当座資産	流動資産のうち支払手段となる可能性が高い資産
現金及び預金	紙幣や硬貨などの通貨，普通預金や当座預金などの預金および金融機関で発行される通貨代用証券など
受取手形	通常の販売取引などの対価として受け取った手形債券（対価に対する法的な請求権を有するもの）
売掛金	販売などの通常の営業活動で生じた未収入金。主たる営業活動によらないものと区別する必要がある（対価に対する法的な請求権を有するもの）
電子記録債権	電子債権記録機関に発生記録の請求を行うことで生じる債権（対価に対する法的な請求権を有するもの）
契約資産	通常の販売取引などで生じた対価に対する企業の権利のうち対価に対する法的な請求権を有しないもの
棚卸資産	製造及び販売を目的として保有する資産で，商品，製品，仕掛品，原材料，貯蔵品など
前渡金（前払金）	商品などを購入する際に代金を先払いしたもの
前払費用	契約に従いサービスの提供を受ける場合の代金の前払い分
未収収益	契約に従いサービスの提供を行ったが，未だ対価の支払いを受けていないもの
短期貸付金	決算日の翌日から起算して 1 年以内に回収期限が到来する貸付金
未収入金	主たる営業活動以外の取引から生じた未収額（土地の売却，有価証券の売却など）
有価証券	売買目的で所有する有価証券（時価の変動により利益を獲得する目的）

主な有形固定資産項目

項目	内容
固定資産	正常営業循環の過程にない資産のうち，決算日から起算して 1 年を超えた期間に現金化または費用化される資産
建物	本社建物，工場，店舗などの建造物
構築物	橋，看板，道路など
機械装置	製造設備などの各種機械
車両運搬具	自動車，鉄道車両など
工具器具備品	工作用工具，家具，パソコンなど
土地	自己が所有する土地
建設仮勘定	建物の建設や機械装置の導入などに際して，対象の資産が完成し引き渡しを受けるまでに支払った支出を集計する項目（完成及び引き渡し後に該当する勘定科目に振り替えられる）

主な無形固定資産項目

項目	内容
のれん	買収等の取引に際して支払われた対価が受け入れる純資産の金額を超過する部分（純資産の金額を超える部分は，一般的に超過収益力に対する対価を意味する）
特許権	特許を受けたものが一定期間にわたって対象の技術等を独占的に使用できる権利
商標権	文字，図形，記号などの商品の商標を独占的に使用できる権利
ソフトウェア	コンピュータを作動させるソフトウェア

主な投資その他の資産項目

項目	内容
投資有価証券	満期まで保有する目的の債権，長期的な保有を目的とする株式，持合株式など
長期貸付金	決算日の翌日から起算して1年を超えて回収期限が到来する貸付金
長期前払費用	契約に従いサービスの提供を受ける場合の代金の前払い分のうちサービスの提供が決算日から起算して1年を超えて行われるもの
繰延税金資産	税効果会計の適用によって生じる資産。繰延税金資産は会計上の資産及び負債の金額と税務上の資産及び負債の金額に差異があり，当該差異が解消する期に課税所得を減額する効果を有する場合に計上される

主な繰延資産項目

項目	内容
創立費	会社の設立に要した費用
開業費	会社の設立後，開業（営業の開始）までに要した費用
開発費	新技術や資源の開発などのために支出した特定の費用

主な流動負債項目

項目	内容
流動負債	正常営業循環の過程にある負債及び決算日から起算して1年以内に支払いまたは収益化される負債
支払手形	通常の営業取引で振り出した約束手形などの支払い義務のある手形債務
買掛金	仕入先との通常取引に基づいて生じた営業上の未払金
電子記録債務	電子債権記録機関に発生記録の請求を行うことで生じる債務
短期借入金	金銭消費貸借契約を結んで証書を提出して借り入れたもので，決算日の翌日から起算して1年以内に返済期限が到来する借入金
未払金	会社の主たる営業目的以外の取引から生じた代金の未払額
未払費用	一定の契約に従い，継続して役務の提供を受けている場合に，すでに提供を受けた役務に対してまだ支払われていない対価の額
未払法人税等	法人税，住民税および事業税の未納税額
前受金（契約負債）	得意先との通常の営業取引に基づいて発生した商品，製品などの前受け代金
預り金	従業員等から一時的に預かったもので，後日その相手本人に直接返すか，または本人に代わって他人に支払うため一時的に預かった金銭
前受収益	一定の契約に従い役務の提供を行う場合に，いまだ役務の提供をしていないにもかかわらず，翌期分の対価を先に受け取った前受け額
引当金	以下の4つの要件を満たす場合に計上される負債（賞与引当金など） ・将来の特定の費用または損失に対するものであること ・その発生が当期以前の事象に起因していること ・発生の可能性が高いこと ・金額を合理的に見積もることが可能であること
社債（1年内に償還されるもの）	社債券を発行して行われる資金調達により生じる債務（決算日から起算して1年以内に償還期限が到来するもの）

主な固定負債項目

項目	内容
固定負債	正常営業循環の過程にない負債のうち，決算日から起算して1年を超えた期間に支払いまたは収益化される負債
社債	社債券を発行して行われる資金調達により生じる債務（決算日から起算して償還期限が1年超のもの）
長期借入金	金銭消費貸借契約を結んで証書を提出して借り入れたもので，決算日の翌日から起算して1年を超えて返済期限が到来する借入金

退職給付引当金	従業員に対して支払われることが予測される退職金のうち，期末日時点で発生していると認められる債務の額（退職給付債務から年金資産を差し引いたもの）
繰延税金負債	税効果会計の適用によって生じる負債。繰延税金負債は会計上の資産及び負債の金額と税務上の資産及び負債の金額に差異があり，当該差異が解消する期に課税所得を増額する効果を有する場合に計上される

主な純資産項目

項目	内容
純資産	資産と負債の差額
資本金	設立又は株式の発行に際して株主となる者が当該株式会社に対して払込み又は給付をした財産の額
資本準備金	設立又は株式の発行に際して株主となる者が当該株式会社に対して払込み又は給付をした財産の額のうち資本金に計上しなかった額
自己株式	自社の発行する株式を取得したもの
その他有価証券評価差額金	その他有価証券を時価評価した際に生じた取得原価と時価の差額
新株予約権	新株予約権の発行により払い込まれた額
株式引受権	取締役の報酬等として株式を無償交付する取引において，株式等の発行が行われるまでの間，企業が取得するサービスの消費（費用）に対応して計上されるもの
非支配株主持分	子会社の純資産のうち親会社以外の株主に帰属する部分

【損益計算書】

主な販売費及び一般管理費項目

項目	内容
販売手数料	商品の販売に際して，仲介業者に支払う手数料など
広告宣伝費	テレビCMや紙媒体での広告など商品を売り込むための費用
給料	販売および一般管理業務に従事する従業員に対する給料
賞与	販売および一般管理業務に従事する従業員に対する賞与（ボーナス）
役員賞与	役員に対する賞与
福利厚生費	健康保険，雇用保険，厚生年金などの会社負担分
退職給付費用	退職金などの退職給付にかかる費用
交際費	営業に際して行った接待などに関する費用
旅費交通費	出張などの際に生じた交通費や宿泊料
通信費	郵便代や電話料金
水道光熱費	水道，電気，ガス代
租税公課	固定資産税，自動車税，印紙税などの税金費用
減価償却費	通常の営業で使用する固定資産（建物や機械装置など）の減価償却により計上される費用
保険料	火災保険や損害保険などに関する保険料
賃借料	建物や土地などの賃借料
棚卸減耗費（損）	棚卸資産に関する実地棚卸の結果生じた帳簿数量と実際数量の差異により生じる費用（紛失，蒸発，記帳ミスなどを原因として生じる）
のれん償却費	のれんの償却を行ったことにより生じる費用
研究開発費	研究や開発に要した費用
貸倒引当金繰入額	営業債権の回収不能見込額である貸倒引当金を計上する際に対応して計上される費用

主な営業外収益項目

項目	内容
受取利息	預金や貸付金から得られる利息
有価証券利息	国債や他社が発行する社債から得られる利息
有価証券売却益	売買目的有価証券の売却代金が帳簿価額を上回った場合の差額
有価証券評価益	売買目的有価証券の期末日における時価が帳簿価額を上回った場合の差額
受取配当金	所有する株式から得られる配当金
雑収入	少額で重要性の乏しいその他の収益

主な営業外費用項目

項目	内容
支払利息	借入金に対して支払う利息など
社債利息	自社が発行した社債に対して支払う利息
有価証券売却損	売買目的有価証券の売却代金が帳簿価額を下回った場合の差額
有価証券評価損	売買目的有価証券の期末日における時価が帳簿価額を下回った場合の差額
雑損失	少額で重要性の乏しいその他の費用

主な特別利益項目

項目	内容
固定資産売却益	固定資産の売却代金が帳簿価額を上回った場合の差額
投資有価証券売却益	投資有価証券の売却代金が帳簿価額を上回った場合の差額

主な特別損失項目

項目	内容
固定資産売却損	固定資産の売却代金が帳簿価額を下回った場合の差額
投資有価証券売却損	投資有価証券の売却代金が帳簿価額を下回った場合の差額
減損損失	固定資産の帳簿価額のうち，収益性の低下により回収が見込めなくなった部分に対する損失
災害損失	火災，台風，地震などにより生じた損失

主な利益に係る税金項目

項目	内容
法人税等調整額	税効果会計を適用したことにより生じる税金費用の調整項目
法人税等	法人税，住民税及び事業税のこと

段階利益

項目	内容
売上総利益	商品や製品を販売した際に生じる利益
営業利益	本業の儲けを示す利益
経常利益	経営努力の成果を示す利益（異常な項目を含まない）
当期純利益	最終的な儲けを示す利益
包括利益	純資産の変動額のうち株主との直接的な取引を除く部分（当期純利益に未実現の利益を加えたもの）

付表 2 － 1　複利終価係数表　$(1＋r)^n$

利率 r / 年数 n	1%	2%	3%	4%	5%	6%	7%	8%	9%	10%	12%	14%	16%	18%	20%
1	1.010	1.020	1.030	1.040	1.050	1.060	1.070	1.080	1.090	1.100	1.120	1.140	1.160	1.180	1.200
2	1.020	1.040	1.061	1.082	1.103	1.124	1.145	1.166	1.188	1.210	1.254	1.300	1.346	1.392	1.440
3	1.030	1.061	1.093	1.125	1.158	1.191	1.225	1.260	1.295	1.331	1.405	1.482	1.561	1.643	1.728
4	1.041	1.082	1.126	1.170	1.216	1.262	1.311	1.360	1.412	1.464	1.574	1.689	1.811	1.939	2.074
5	1.051	1.104	1.159	1.217	1.276	1.338	1.403	1.469	1.539	1.611	1.762	1.925	2.100	2.288	2.488
6	1.062	1.126	1.194	1.265	1.340	1.419	1.501	1.587	1.677	1.772	1.974	2.195	2.436	2.700	2.986
7	1.072	1.149	1.230	1.316	1.407	1.504	1.606	1.714	1.828	1.949	2.211	2.502	2.826	3.185	3.583
8	1.083	1.172	1.267	1.369	1.477	1.594	1.718	1.851	1.993	2.144	2.476	2.853	3.278	3.759	4.300
9	1.094	1.195	1.305	1.423	1.551	1.689	1.838	1.999	2.172	2.358	2.773	3.252	3.803	4.435	5.160
10	1.105	1.219	1.344	1.480	1.629	1.791	1.967	2.159	2.367	2.594	3.106	3.707	4.411	5.234	6.192
11	1.116	1.243	1.384	1.539	1.710	1.898	2.105	2.332	2.580	2.853	3.479	4.226	5.117	6.176	7.430
12	1.127	1.268	1.426	1.601	1.796	2.012	2.252	2.518	2.813	3.138	3.896	4.818	5.936	7.288	8.916
13	1.138	1.294	1.469	1.665	1.886	2.133	2.410	2.720	3.066	3.452	4.363	5.492	6.886	8.599	10.699
14	1.149	1.319	1.513	1.732	1.980	2.261	2.579	2.937	3.342	3.797	4.887	6.261	7.988	10.147	12.839
15	1.161	1.346	1.558	1.801	2.079	2.397	2.759	3.172	3.642	4.177	5.474	7.138	9.266	11.974	15.407
16	1.173	1.373	1.605	1.873	2.183	2.540	2.952	3.426	3.970	4.595	6.130	8.137	10.748	14.129	18.488
17	1.184	1.400	1.653	1.948	2.292	2.693	3.159	3.700	4.328	5.054	6.866	9.276	12.468	16.672	22.186
18	1.196	1.428	1.702	2.026	2.407	2.854	3.380	3.996	4.717	5.560	7.690	10.575	14.463	19.673	26.623
19	1.208	1.457	1.754	2.107	2.527	3.026	3.617	4.316	5.142	6.116	8.613	12.056	16.777	23.214	31.948
20	1.220	1.486	1.806	2.191	2.653	3.207	3.870	4.661	5.604	6.727	9.646	13.743	19.461	27.393	38.338
25	1.282	1.641	2.094	2.666	3.386	4.292	5.427	6.848	8.623	10.835	17.000	26.462	40.874	62.669	95.396
30	1.348	1.811	2.427	3.243	4.322	5.743	7.612	10.063	13.268	17.449	29.960	50.950	85.850	143.371	237.376

付表 2 － 2　現在価値割引係数表　$\dfrac{1}{(1+r)^n}$

利率 r / 年数 n	1%	2%	3%	4%	5%	6%	7%	8%	9%	10%	12%	14%	16%	18%	20%
1	0.990	0.980	0.971	0.962	0.952	0.943	0.935	0.926	0.917	0.909	0.893	0.877	0.862	0.847	0.833
2	0.980	0.961	0.943	0.925	0.907	0.890	0.873	0.857	0.842	0.826	0.797	0.769	0.743	0.718	0.694
3	0.971	0.942	0.915	0.889	0.864	0.840	0.816	0.794	0.772	0.751	0.712	0.675	0.641	0.609	0.579
4	0.961	0.924	0.888	0.855	0.823	0.792	0.763	0.735	0.708	0.683	0.636	0.592	0.552	0.516	0.482
5	0.951	0.906	0.863	0.822	0.784	0.747	0.713	0.681	0.650	0.621	0.567	0.519	0.476	0.437	0.402
6	0.942	0.888	0.837	0.790	0.746	0.705	0.666	0.630	0.596	0.564	0.507	0.456	0.410	0.370	0.335
7	0.933	0.871	0.813	0.760	0.711	0.665	0.623	0.583	0.547	0.513	0.452	0.400	0.354	0.314	0.279
8	0.923	0.853	0.789	0.731	0.677	0.627	0.582	0.540	0.502	0.467	0.404	0.351	0.305	0.266	0.233
9	0.914	0.837	0.766	0.703	0.645	0.592	0.544	0.500	0.460	0.424	0.361	0.308	0.263	0.225	0.194
10	0.905	0.820	0.744	0.676	0.614	0.558	0.508	0.463	0.422	0.386	0.322	0.270	0.227	0.191	0.162
11	0.896	0.804	0.722	0.650	0.585	0.527	0.475	0.429	0.388	0.350	0.287	0.237	0.195	0.162	0.135
12	0.887	0.788	0.701	0.625	0.557	0.497	0.444	0.397	0.356	0.319	0.257	0.208	0.168	0.137	0.112
13	0.879	0.773	0.681	0.601	0.530	0.469	0.415	0.368	0.326	0.290	0.229	0.182	0.145	0.116	0.093
14	0.870	0.758	0.661	0.577	0.505	0.442	0.388	0.340	0.299	0.263	0.205	0.160	0.125	0.099	0.078
15	0.861	0.743	0.642	0.555	0.481	0.417	0.362	0.315	0.275	0.239	0.183	0.140	0.108	0.084	0.065
16	0.853	0.728	0.623	0.534	0.458	0.394	0.339	0.292	0.252	0.218	0.163	0.123	0.093	0.071	0.054
17	0.844	0.714	0.605	0.513	0.436	0.371	0.317	0.270	0.231	0.198	0.146	0.108	0.080	0.060	0.045
18	0.836	0.700	0.587	0.494	0.416	0.350	0.296	0.250	0.212	0.180	0.130	0.095	0.069	0.051	0.038
19	0.828	0.686	0.570	0.475	0.396	0.331	0.277	0.232	0.194	0.164	0.116	0.083	0.060	0.043	0.031
20	0.820	0.673	0.554	0.456	0.377	0.312	0.258	0.215	0.178	0.149	0.104	0.073	0.051	0.037	0.026
25	0.780	0.610	0.478	0.375	0.295	0.233	0.184	0.146	0.116	0.092	0.059	0.038	0.024	0.016	0.010
30	0.742	0.552	0.412	0.308	0.231	0.174	0.131	0.099	0.075	0.057	0.033	0.020	0.012	0.007	0.004

付表 3　会計で用いる記号

記号	読み方・意味
,	コンマ（comma），カンマ。数字の 3 桁ごとの位取りに用いる符号です。非英語圏等では異なる符号を用います。例　3,579,000
.	ピリオド（period）），小数点とは，小数点を示す符号です。例　2.1415
¥	円記号。日本の通貨単位「円」を表す記号です。例　¥ 100
#	番号記号，井桁，ナンバー記号（number sign）。数字の前につけ番号をす記号です。（商品・手形・小切手など）横線はまっすぐで縦線が普通斜めに書かれる点で音楽記号のシャープ（♯）とは異なります。例　約束手形 # 45
@	単価記号，アットマーク，替。商取引における単価を示す記号です。例　ボールペン　@ ¥ 110
✓	チェック記号，チェックマーク（checkmark）　照合・確認・点検・処理が済んだことを示す記号です。転記不要を意味する記号です。
△	△ 白三角，上向き三角。数字の前につけて，マイナスを表す記号です。
〃	ノノ点，同上（イタリア語の Ditto）。帳簿において，日付や語句などを前行の同じ位置に記して，前行と同じ内容を繰り返して用いるときに用いる符号です。ただし，金額には用います。ダブルクオート double quote（" „）に由来します。

索　引

マ

ヤ

ラ

ワ

《著者紹介》

島本　克彦（しまもと　かつひこ）担当：はしがき，序章，第1章，第2章
大阪経済法科大学経営学部教授

片上　孝洋（かたかみ　たかひろ）担当：第5章，第11章，第12章
大阪経済法科大学経営学部教授

粂井　淳子（くめい　じゅんこ）担当：第6章，補論1，補論2
大阪経済法科大学経営学部教授

引地夏奈子（ひきち　かなこ）担当：第3章，第4章，第9章，第14章
大阪経済法科大学経営学部教授

藤原　大花（ふじわら　おおか）担当：第7章，第8章，第10章，第13章
大阪経済法科大学経営学部助教

（検印省略）

2022年4月15日　初版発行　　　　　　　　略称―会計ファイナンス

会計・ファイナンスの基礎・基本

著　者　島本克彦・片上孝洋・粂井淳子・
　　　　引地夏奈子・藤原大花
発行者　塚田尚寛

発行所　東京都文京区　　　　株式会社　創成社
　　　　春日2−13−1

電　話　03（3868）3867　　ＦＡＸ　03（5802）6802
出版部　03（3868）3857　　ＦＡＸ　03（5802）6801
http://www.books-sosei.com　振　替　00150-9-191261

定価はカバーに表示してあります。

組版：ワードトップ　印刷：エーヴィスシステムズ
製本：エーヴィスシステムズ
落丁・乱丁本はお取り替えいたします。

———————————— 簿記・会計選書 ————————————

会計・ファイナンスの基礎・基本	島 本 克 彦 片 上 孝 洋 粂 井 淳 子 引 地 夏奈子 藤 原 大 花	著	2,500 円
学部生のための 企業分析テキスト ―業界・経営・財務分析の基本―	髙 橋 聡 福 川 裕 徳 三 浦 敬	編著	3,200 円
日本簿記学説の歴史探訪	上 野 清 貴	編著	3,000 円
全国経理教育協会 公式簿記会計仕訳ハンドブック	上 野 清 貴 吉 田 智 也	編著	1,200 円
人生を豊かにする簿記 ―続・簿記のススメ―	上 野 清 貴	監修	1,600 円
簿記のススメ ―人生を豊かにする知識―	上 野 清 貴	監修	1,600 円
現代の連結会計制度における諸課題と探求 ―連結範囲規制のあり方を考える―	橋 上 徹	著	2,650 円
非営利・政府会計テキスト	宮 本 幸 平	著	2,000 円
ゼミナール監査論	山 本 貴 啓	著	3,200 円
国際会計の展開と展望 ―多国籍企業会計とIFRS―	菊 谷 正 人	著	2,600 円
IFRS教育の実践研究	柴 健 次	編著	2,900 円
IFRS教育の基礎研究	柴 健 次	編著	3,500 円
投資不動産会計と公正価値評価	山 本 卓	著	2,500 円
新・入門商業簿記	片 山 覚	監修	2,350 円
新・中級商業簿記	片 山 覚	監修	1,850 円
管理会計って何だろう ―町のパン屋さんからトヨタまで―	香 取 徹	著	1,900 円
税務会計論	柳 裕 治	編著	2,550 円
はじめて学ぶ国際会計論	行 待 三 輪	著	2,400 円
監査の原理と原則	デヴィッド・フリント 井 上 善 弘	著 訳	1,900 円

(本体価格)

———————————— 創 成 社 ————————————